Edition Anthologica

Gefühlte Welt

Beziehungsreiche Geschichten und Gedichte

Autoreninfo:
www.anthologica.de

Verlagsinfo:
www.booksun.de

1. Auflage – Dezember 2008

Copyright © 2008 BOOKSun limited
Niederlassung Deutschland, Hamburg

Nachdruck oder Vervielfältigung nur mit ausdrücklicher
Genehmigung des Herausgebers und des Verlages

Herausgeber: Peter Fenkart in der Edition Anthologica
Redaktion: Sabine Finzel und Carmen Mayer
Umschlaggestaltung und Satz: Tanja Fürstenberg
Druck: Druckerei Hage GmbH, Pösching
Titelbild: »Menschen am Meer« von Hella Scharfenberg

ISBN 978-3-941527-00-3

www.booksun.de
www.anthologica.de

Inhalt

Auftakt des Herausgebers	5
»Regenzeit« Stefanie Schick	7
»Sand in der Beziehungs-Kiste« Hilda Roeder	8
»Das Unglück liegt auf der Straße« Tanja Fürstenberg	15
»Für immer und ewig« Stefanie Schick	18
»Zwiegespräch« Marcel Meder	23
»Bundesliga am Sonntag – 2:1 für Schatz« Michael Gersemann	24
»Wintergeschichte« Frank Passhahn	26
»Die Motte« Björn Rudakowski	30
»Wortlose Heimfahrt« Beate Finkenzeller	37
»Liebe in jeder Beziehung« Hilda Roeder	40
»Sauerbraten mit Knödel« Andreas Ballnus	43
»Die Traumfrau« Gabriele Steininger	44
»Mehr als eine Traumfrau« Hella Scharfenberg	51
»Bett-Beziehungen« Johannes Harstick	52
»Ithaka« Frank Passhahn	56
»Frühstück zu zweit« Jens Reimann	58
»Fünfzig Schritte« Carmen Mayer	63
»Marie« Klaus Ebner	67
»Sehnsucht« Wiebke Franke	71
»Die Liebe in ihm« Johannes Harstick	74

»Brief an eine Nebenbuhlerin« Heike Keuper Göbel	77
»Die Anarchisten« Stephan Rossner	80
»Beziehungskommune« Marcel Meder	82
»Der Geschmack der Erinnerung« Hardy Faber	86
»Lores Terminator« Karsten Gebhardt	93
»Helle Fenster« Andreas Ballnus	98
»Der letzte Kuss« Dirk Ganser	102
»Hans im Unglück« Katrin Lachmann	106
»Das Ende einer Trennung« Wiebke Franke	111
»Suche« Hella Scharfenberg	114
»Cave Canem« Gaby Poetsch	115
»(Un)endlich frei« Erik Rysavy	119
»Weil du mich liebtest« Wiebke Franke	121
»Der Tod wartet im Garten« Martina Bethe-Hartwig	122
»Blitz-Chatting« Karsten Gebhardt	128
»Im Ausklang« Hilda Roeder	132

Vorwort des Herausgebers

Ein Sprichwort sagt: Beziehungen sind das halbe Leben. Das klingt nach halbierter Wahrheit, denn in Wirklichkeit besteht unser aller Leben ausschließlich aus Beziehungen: zu Menschen, zu Gegenständen und zur Umwelt. Höchste Zeit also, dieses Thema angemessen zu würdigen.

Dieser Aufgabe haben sich zahlreiche talentierte Autoren beiderlei Geschlechts gestellt. Die besten Geschichten und Gedichte füllen dieses Buch, das zweite Werk in der **Reihe Anthologica**, das sich überraschend nahtlos an die »Groteske Welt« anfügt. Auch hier hat das Thema zu einer Reihe erstaunlicher Geschichten geführt: mal ernst, mal heiter, oft stimmungsvoll und nachdenklich; ein Blick auf das Besondere im Alltäglichen und das ganz Normale am Außergewöhnlichen.

Die Stärke der **Reihe Anthologica**: Ebenso unterschiedlich wie die Einzelthemen sind die Stile der Beiträge. Manchmal kunstvoll gedrechselt, wie in »Marie«, manchmal rätselhaft, wie die »Beziehungskommune«, gelegentlich humoristisch, wie »Lores Terminator«, dann wieder philosophisch wie »Die Anarchisten«, poetisch wie in »Regenzeit« oder prägnant wie in »Mehr als eine Traumfrau«.

So, wie der Schmetterling in der Chaos-Theorie einen Orkan erzeugt, übt »Die Motte« eine äußerst einschneidende Wirkung auf ein Einzelschicksal aus. Beziehungen, die einen Moment dauern, oder lebenslänglich, manchmal aber auch nur so lange, wie es dauert »50 Schritte« zu gehen.

Wie lassen sich »Bett-Beziehungen« definieren? Warum kann es katastrophal sein, wenn ein Mann seine »Traumfrau« findet? Wie entsteht der »Geschmack der Erinnerung«? Erfahren Sie die Antwort und zusätzlich mehr über die fatale Wirkung klebriger Details und wie sich »Sehnsucht« eindrucksvoll beschreiben lässt.

Ausschnitte aus einer Welt, die sich nur gefühlt erfahren lässt.

Was haben Sie beim Lesen gefühlt? Schreiben Sie mir, wie es Ihnen gefallen hat!

Peter Fenkart
pf@anthologica.de

Regenzeit
Stefanie Schick

Regen erschlägt die Zeit
sie zerstiebt zu Asche um unsere Füße
während wir unsere Zigaretten rauchen
unter dem Bahnhofsvordach
wir gehen durch den dunstigen Park
Sonnen scheinen über unseren Köpfen
Gesichter lächeln uns zu
aus schwarzem Himmel
meine nackten Füße kicken eine Pfütze beiseite
die dich erschrocken nass spritzt
ich schmücke mich für dich
mit Regenwasserperlen um meinen Hals
Diamanten zwischen meinen Zehen
gebettet auf grünem Samt
wir gehen schnell durch die nassen Schleier
hinterlassen schmutzig graue Spuren
im Treppenhaus
liegen aneinander gedrängt
in der Vergangenheit
unendlichen Zeitreichtums
während Sekundentropfen
am beschlagenen Fenster herablaufen
eine Illusion langsamen Flusses
der eiligen Stunden
die noch vor uns liegen
uns umarmend in ihren Dimensionen
ohne Maß
für alle Zeit.

Sand in der Beziehungs-Kiste
Hilda Roeder

Er wusste es schon damals, dass er sie eines Tages umbringen würde. Sie hatte Pipi in seinen geliebten Sandkasten gemacht – und das nur, weil er mal kurz ihr rotes Förmchen ausgeliehen hatte.

»Immer muss ich mit dem Bagger spielen – will auch mal Kuchen backen!«, weinte er und hielt das Förmchen krampfhaft fest. Sie zerrte daran, doch er wollte es nicht hergeben.

»Du kannst gar nicht schön Kuchen backen! Guck, hier ist der blöde Kuchen kaputt – und da und da – ich kann das viel besser! Du bist doof!«, lachte sie ihn aus, zog sich blitzschnell das Höschen herunter und pinkelte grinsend in den Sand. Entsetzt ließ er das Förmchen los.

Walther war schon damals ein kleiner Feigling. Er hätte Mathilde verprügeln sollen. Stattdessen rannte er heulend zu seiner Mama. Sie tröstete: »Ach, das ist doch nicht so schlimm. Dann holst du einfach eine Schaufel, nimmst das nasse Häufchen Sand damit auf und schmeißt es aus dem Sandkasten raus.«

Als er das tat, klebte der verpinkelte Sand an seinem Schaufelchen und das löste wiederum eine Heulattacke aus.

Ein Trauma!

Später besuchten sie gemeinsam die Grundschule, und da sie in derselben Straße wohnten, trug Walther jeden Tag Mathildes Schulranzen den weiten Weg zur Schule. Er wollte es ihr immer recht machen, damit sie nicht böse wurde und ihn ausschimpfte. Als sie später studierten, zogen sie zusammen. Mathilde wollte ihn haben, er sollte ihr gehören!

Nachdem Walter die Beamtenlaufbahn bei der Stadtverwaltung antrat, heirateten sie. Von Anfang an war es Mathildes Plan, ihn zu biegen und zu formen. Er sollte ein brauchbarer Ehemann und

Ernährer werden. In ihren Augen war er ein Schwächling, der eine starke Hand benötigte.

»Walther Mertens, es wird Zeit, dass du mal um Gehaltserhöhung nachfragst. Das Geld reicht hinten und vorne nicht!«, sagte sie vorwurfsvoll.

»Ich habe es ja schon angedeutet, Liebling, aber der Chef reagiert nicht.«

»Dann hau doch mal endlich auf den Tisch, du Trottel! Was bist du doch für ein Waschlappen!«, schrie sie ihn an.

»Ja, du hast recht, ich mache das demnächst«, seufzte er.

Die Ehe war die Hölle, zumindest für Walther. Mathilde war ein berechnendes, herrschsüchtiges Luder, und er hatte große Angst vor ihr. Sie war egoistisch, ausgekocht und immer auf ihren eigenen Vorteil bedacht.

»Wo gehst du denn jetzt schon wieder hin?«, motzte sie ihn an, als er den Mantel anzog.

»Zum Sportplatz, Fußball gucken.«

»Nix da! Es gibt noch genug hier im Haus zu tun!«

»Ich habe doch schon alles gemacht, was du mir gesagt hast.«

»Mach' die Augen auf, dann siehst du die Arbeit!«

»Wo denn?« Weinerlich wehrte er sich.

»Schluss jetzt! Du bleibst hier!«

Walther gab klein bei. Er wollte doch nur seine Ruhe.

Als sie sich fast vier Jahrzehnte lang durch die katastrophale Beziehung gequält hatten, fand Walther eine liebevolle Freundin – seine Arbeitskollegin Suse. Sie nannte ihn Bärchen und lud ihn täglich in der Mittagspause zu sich nach Hause ein. Damit konnte er die Affäre lange Zeit vor Mathilde verbergen, denn sie kontrollierte ihn nicht an seiner Arbeitsstelle.

Suse war eine liebe, warmherzige Frau und gab ihm ein wenig Frieden. Sie tröstete und verwöhnte ihn, und er fühlte sich zum ersten Mal in seinem Leben glücklich.

Auch Suse genoss das Zusammensein, denn sie war sehr einsam und schon lange auf der Suche nach einem Partner, mit dem sie alt werden konnte.

»Bärchen, ich möchte dich nicht mehr missen«, flüsterte sie in sein Ohr.

Er drückte sie an sich: »Ich dich auch nicht, Liebes.«
»Du musst es ihr sagen!«
»Ja bald, ich verspreche es.«

Eines Tages bahnte sich eine Katastrophe an. Walther war krank geworden und konnte nicht zur Arbeit gehen. Er lag mit Herzbeschwerden im Bett. Sein Arzt hatte ihm, wegen seines schwachen Herzens und dem Übergewicht, ein Digitalis Präparat verschrieben, Walther vergaß jedoch regelmäßig, die Tabletten einzunehmen. Dabei wusste er, wie gefährlich dieses Medikament war. Hatte er zu wenig eingenommen, bekam er erneut Rhythmusstörungen – zu viel eingenommen, bedeuteten sie möglicherweise den Tod!

Mathilde, die halbtags in einem Kosmetiksalon arbeitete, kam früher als normal nach Hause und schaute nach ihm.

»Immer dasselbe mit dir!«, schimpfte sie, »Das wird dich eines Tages noch das Leben kosten!

Plötzlich brummte Walthers Handy in der Jackentasche, die über der Stuhllehne hing. Er hörte es nicht, Mathilde jedoch holte es heraus und sah, dass eine SMS eingegangen war. Sie las: »Bärchen, was ist mit dir? Warum kamst du nicht zum Essen? Ich mache mir Sorgen. Bitte melde dich. Deine Suse.«

In Mathildes Kopf schrillten alle Alarmglocken. Dieser Schwächling! Das hätte sie nie von ihm gedacht! Er betrog sie! Wie konnte er es wagen!

Sie schaute auf die Telefonnummer des Absenders. Was war das? Die Nummer kam ihr doch irgendwie bekannt vor! Diese hatte sie doch kürzlich erst angerufen! Eine Kundin? Mit dem Namen Suse? Sie holte ihren Geschäftskalender und schaute nach.

Und tatsächlich, es war die Telefonnummer von Suse Dietz, die regelmäßig alle vier Wochen zur Kosmetikbehandlung kam. Eigentlich mochte sie diese Frau, aber jetzt hätte sie sie vergiften, erdrosseln und vierteilen können!

»Warte nur«, knurrte sie, »euch wird das Turteln noch vergehen!«

Mathilde war ein schlaues Luder. Sie sagte Walther nichts davon, dass sie die SMS gelesen hatte und pflegte ihn gesund.

In diesen Tagen schmiedete sie einen Plan … einen hinterhältigen Plan …

Zwei Wochen später kam Suse zur Kosmetikbehandlung zu Mathilde. Sie wusste Mathildes Nachnamen nicht, denn es war üblich in diesem Salon, dass die Kosmetikerinnen nur mit Vornamen angesprochen wurden.

»Hallo, Mathilde!« Sie lächelte: »Ach, ich freue mich so auf die Stunde Ruhe hier bei Ihnen. Die Entspannung und das Plaudern tun mir so gut.« Sie legte sich auf den Behandlungsstuhl und wurde von Mathilde mit einer flauschigen Decke und warmen Handtüchern zugedeckt. Die Kosmetikerin verwöhnte ihre Kundinnen sanft und liebevoll.

»Ja, ich weiß ... so eine kosmetische Behandlung ist Balsam ... nicht nur für die Haut, sondern auch für die Seele«, erwiderte Mathilde lächelnd und reinigte Suses Gesicht und Dekolleté mit warmem Ozondampf.

»Ich muss Ihnen soviel Neues erzählen«, sagte Suse, während Mathildes Hände eine sanfte Gesichtsmassage einleiteten.

»Ja? Was ist denn passiert?«

Suse schloss die Augen und genoss die Massage. Mathilde machte das wunderbar ...

»Ich habe jemanden kennen gelernt«, schnurrte sie leise, »einen Mann. Er arbeitet bei mir in der Stadtverwaltung.«

Mathilde hielt die Luft an und musste sich bemühen, den Rhythmus der Massagegriffe einzuhalten.

»Er ist 64, verheiratet, hat keine Kinder und kommt jeden Tag in der Mittagspause zu mir nach Hause, damit seine Frau nichts merkt. Er hat ihr nämlich noch nichts von uns erzählt, aber das will er bald machen.«

Mathilde holte tief Luft: »Ach, das freut mich für Sie! Endlich haben Sie jemanden gefunden. Meinen Sie, er wird sich scheiden lassen?«

»Ja, auf jeden Fall. Er versteht sich nicht gut mit seiner Frau, sie haben sich wohl auseinander gelebt. Ich hoffe, dass er bald mit ihr redet, so dass wir zusammenziehen können.«

»Möchten Sie das denn gerne?«

»Ich kann mir nichts Schöneres vorstellen! Zusammen morgens aufwachen, frühstücken und den ganzen Tag miteinander verbringen. Er geht ja bald in Rente! Mittags könnten wir gemeinsam kochen und gemütlich essen. Am Abend auf der Couch kuscheln … zusammen im Badezimmer lachen … zu Bett gehen … und nie mehr alleine sein! Oh, wäre das wunderbar!«, schwärmte Suse und genoss die streichelnden, massierenden Hände von Mathilde auf ihrem Gesicht, Hals und Brustansatz.

Diese beendete die Massage und holte den Topf mit der grünen Packungscreme, die steinhart auf dem Gesicht antrocknet. Behutsam trug sie die Creme auf und meinte: »So, Sie kennen das ja. Diese Gesichtsmaske wird hart, da dürfen Sie zwanzig Minuten nicht reden, sonst bricht sie und kann ihre Wirkung nicht entfalten.«

Suse nickte, dachte an ihr Bärchen und lächelte sanft.

Nun legte Mathilde los:

»Ja, ja, Sie haben es gut! Ich beneide Sie wirklich, obwohl ich es Ihnen natürlich sehr gönne, denn Sie haben schon so lange einen Partner gesucht. Aber es ist nicht immer so schön, wie man sich das Zusammenleben mit einem Menschen vorstellt. Man muss da manchmal sehr viel aushalten!« Sie seufzte und redete weiter: »Mein Mann zum Beispiel … ich sage Ihnen, da ist nichts mit »zusammen frühstücken«! Er ist ein Frühaufsteher. Jeden Morgen um sechs Uhr fängt er schon an zu lärmen im Haus. Ich schlafe gern etwas länger, doch ich kann ihn noch so oft darum bitten, dass er liegen bleiben soll, er tut es einfach nicht! Ein Mittagessen gemeinsam kochen ist genauso unmöglich. Immer wenn er mir die Kartoffeln schält, hobelt er die Schalen zentimeterdick ab und von den Kartoffeln bleiben nur noch winzige Würfel übrig. Er kapiert das einfach nicht! Geschirr spülen oder abtrocknen kann er auch nicht. Regelmäßig lässt er die Teller fallen. Dieser Mann ist so ungeschickt!«

Mathilde machte eine kleine Pause. Schließlich sollte Suse Satz um Satz verarbeiten können.

»Was hatten Sie noch gesagt …,« plauderte sie weiter, »am Abend auf der Couch kuscheln? Mit meinem Mann ist das nicht möglich, er sitzt mit seiner Bierflasche vor der Glotze und schaut sich Fußball oder Boxen an. Dabei steckt er sich eine Zigarette nach der anderen an. Ich sag' Ihnen – der Horror! Im Wohnzimmer hängt der blaue Dunst bis an die Decke und es stinkt bestialisch. Nicht nur nach Zigarettenrauch – nein, auch nach Schweißfüßen, denn er wäscht sich nicht so oft, wie ich das gern hätte. Nicht nur die Füße, nein –

alles! Und von wegen »lustig lachen« im Badezimmer! Dort geht es ganz anders zu! Niemals dreht er die Zahnpastatube zu und schließt nie den Klodeckel, wenn er denn mal »zufällig« die Wasserspülung benutzt hat. Und nicht genug, dass er die Badezimmertür grundsätzlich weit offen stehen lässt, wenn er auf dem Klo sitzt, nein – wenn er denkt, ich bin nicht in der Nähe, ist er auch noch ein heimlicher Stehpinkler und verspritzt den Urin einen Meter im Umkreis, an die Wände und auf den Boden. Und immer streitet er alles ab und ist so weinerlich – der Feigling!«

Nun hielt sie inne, um zum großen Finale aufzutrumpfen.

»Ach ja, ich beneide Sie wirklich um Ihren neuen Freund«, seufzte sie und prüfte mit den Fingerspitzen die Härte der Maske. Es war Suse jetzt nicht mehr möglich, auch nur ein Wort zu flüstern.

»Oft sag' ich zu ihm – Walther, sag' ich – mein lieber Walther Mertens – so kann es nicht mehr weiter gehen!«

Mathilde sah gespannt zu, wie Suse plötzlich stocksteif wurde. Die Decke rutschte seitlich weg.

»Überall lässt er sein Zeug liegen, nichts räumt er weg, nichts macht er sauber, sondern liegt am Wochenende den ganzen Tag schnarchend auf der Couch. Ich denke oft, was soll das erst werden, wenn er in Rente geht nächstes Jahr!«

Liebevoll stopfte Mathilde die Decke wieder unter Suses Hüfte.

»Aber was er in letzter Zeit macht, habe ich Ihnen noch gar nicht gesagt. Das ist wirklich der Gipfel, und ich muss mich jetzt wirklich überwinden, Ihnen das so offen zu erzählen.

Stellen Sie sich vor, beim Essen, während wir noch am Tisch sitzen, und er hat den letzten Bissen verschlungen, holt er seine Zahnprothese aus dem Mund und leckt die Reste der Mahlzeit von dem grässlichen Ding ab! Dann steckt er das Gebiss wieder in den Mund und trinkt den letzten Schluck Bier. Ich kann Ihnen sagen … da wird es einem ganz anders … manchmal kommt mir das Essen wieder hoch!«

Mathilde schwieg und beobachtete Suse. Diese sah schon mit der Packung grün im Gesicht aus, doch jetzt sollte sie auch langsam unten drunter grün sein. Gut so! Das sollte genügen! Mathilde war zufrieden und wusch sanft, mit feuchtwarmen Tüchern, die Packung ab.

Kreidebleich verabschiedete sich Suse: »Mir ist nicht wohl, Mathilde, entschuldigen Sie – nein, bitte kein Make-up mehr auftragen, heute nicht – ich muss jetzt nach Hause.«

Am anderen Tag, in der Mittagspause, beendete Suse ihre Beziehung zu Walther. Sie erzählte ihm, was Mathilde ihr verraten hatte. Walter stritt alles ab und weinte jämmerlich: »Sie lügt, sie lügt!«

Suse glaubte ihm nicht ... etwas Wahres wird schon dran sein, meinte sie und so einen Mann wollte sie nicht. Sie hatte sich entschieden.

Abends schlich Walther am Boden zerstört nach Hause. Er wusste es schon immer, Mathilde war ein ausgekochtes, hinterhältiges Luder. Sie hörte nicht auf, in seinen Sandkasten zu pinkeln.

»Ich bringe sie um«, murmelte er, »diesmal bringe ich sie wirklich um!«

Sechs Wochen später und nach einer perfekten Dosis Digitalis, die er, fein zerstoßen, in ihr allabendliches Glas mit harntreibendem Bittertee gemischt hatte, stand er vor ihrem offenen Grab. Die Sonne schien vom blauen Himmel in die Grube und die Blumenkränze dufteten wie der hoffnungsvolle Frühling.

»Backe, backe Kuchen, Mathilde. Es begann im ersten Sandkasten und es endet im letzten Sandkasten«, flüsterte Walther leise. Lachend und weinend warf er die letzte Schaufel Sand auf Mathilde in der Kiste. Der Sand war sauber und trocken.

Das Unglück liegt auf der Straße
Tanja Fürstenberg

Nadja zieht den Duft des Spätsommers ein und lauscht den Geräuschen der erwachenden Großstadt. Eine Stunde Zeit verbleibt ihr, bis sie ihre Tochter Denise weckt. Sechzig Minuten, in denen sie sich ihren Tagträumen hingibt. Seit Jahren der gleiche Ablauf, denkt Nadja, aber heute fängt ein neues Leben an! Denn heute Morgen liegt ein Zauber in der Luft und sie wird den Grundstein legen für ihr Glück. Der Gedanke an ihr Vorhaben beflügelt Nadja; sie tänzelt, als sie den Tisch deckt, und sie strahlt wie eine zweite Sonne. Den Lippenstift wischt sie gleich wieder weg, so etwas braucht sie nicht, nicht an diesem Tag. Denise bestätigt das: Mama, du siehst heute ganz besonders hübsch aus! Die beiden verlassen pünktlich das Haus.

Jeden Morgen zur selben Zeit biegt René um die Ecke. Auch er lebt alleine und begleitet seine Tochter Maike erst zur Schule, kehrt gleich darauf um und beeilt sich Richtung Bahn. Nach einem halben Jahr lächeln er und Nadja sich zaghaft an. Einmal stoßen sie zusammen, die Einsamen, lachen, müssen sich beeilen.

An diesem Morgen trifft Nadja eine Herzensentscheidung: Sie wird René ansprechen. René! Nadja flüstert seinen Namen und er legt sich wie eine ruhige Hand auf ihr pochendes Herz. Sie entsinnt sich der Abende, die sie alleine verbringt, die länger werden, und an denen sie sich zuprostet: Auf die Liebe! Sie vermisst seine Erwiderung: Auf uns! Diese Gedanken hatten den Impuls gegeben, heute den ersten Schritt in seine Richtung zu unternehmen. In Richtung Glück.

Auf dem Weg zur Schule durchqueren Mutter und Tochter den kleinen Park. Ein Hund kommt auf sie zu. Der tut nichts, der will nur spielen. Nein, heute nicht, bittet sie um Verzeihung. Nadja schaut auf die Uhr. Was, wenn sie ihn verpasst? Was, wenn seine Kleine heute krank im Bett liegt? Kinder sind unberechenbar. Nadjas Herz schlägt schneller und sie treibt ihre Tochter zur Eile an.

Nadja will keinen schlechten Atem haben, wenn sie sich traut, und kaut einen Kaugummi, den sie Denise abgerungen hat, mit dem Versprechen, am Nachmittag mit einer Überraschung aufzuwarten. Ja, Süße, eine Riesenüberraschung bekommst du! Das Kind versteckt die Packung hinter dem Rücken. Welche Hand, Mama? Die linke. Nadja hat Glück. Sie streichelt Denise liebevoll über das Haar. Was soll sie ihm sagen? Schwindel überkommt sie, dabei ist sie sich sicher, dass sie und René zusammengehören! Nadja spürt seine Zurückgezogenheit, erkennt die Traurigkeit in seinem Gang und erfasst im Vorübergehen seine Gesichtszüge, die weich werden, wenn er sie sieht. Sie nimmt eine Anziehung wahr, die weit über das körperliche Begehren hinausgeht. Nadja ahnt, dass René und sie die Einsamkeit endlich ablegen können. Die Zeit ist reif.

Vergangene Nacht hatte sie schon von einem gemeinsamen Familienurlaub geträumt. Sie standen am Meer und als sich die Wolken zuzogen, hatte er ihr ins Ohr geflüstert: Komm, wir stellen uns unter. Es wird Regen geben, mein Herz.
Nie zuvor hatte sich Nadja dermaßen geborgen gefühlt.

Ein erneuter Blick auf die Uhr beruhigt die Sehnsuchtsvolle, das Timing ist perfekt. Sie bringt Denise vor das Hauptportal. Ich hab dich lieb, Mama, und wünsche dir einen Sonnentag! Ich hab dich auch sehr lieb, mein Schatz! Nadja küsst ihre Tochter zum Abschied liebevoll auf die Wange und macht kehrt.

In diesem Augenblick biegt René um die Ecke, geht an ihr vorbei und lächelt, selbst seine Tochter lächelt! Nadja schlendert weiter. Wohin mit dem Kaugummi? Mit der Masse im Mund kann sie ihn nicht ansprechen. Kein Papierkorb in der Nähe, kein Taschentuch

dabei, also hastig auf den Boden gespuckt. Nadja ist das unangenehm. Das klebrige Etwas, anfangs knallrot und frisch, bleibt blassrosa und durchgekaut mitten auf dem Gehweg liegen.
Die Liebeshungrige geht zwei Meter weiter, dreht sich endlich um und sieht ihn auf gewohntem Weg zurückkommen. Sie bleibt stehen und wartet, ihr Herz schlägt schneller. Ein halbes Herz, das seiner Heilung harrt.

René kommt näher. Beschwingter als sonst bewegt er sich auf Nadja zu. Fast zärtlich, sein Gang. Ob er auch …? Nadjas Hand zittert, als sie eine Haarlocke aus dem Gesicht streicht. Nur noch drei Meter trennen sie. Die Welt bleibt stehen. Die Postbotin gegenüber hält den Atem an, das Eichhörnchen, das versucht hatte, eine Nuss zu knacken, verharrt. Selbst die Schulglocke läutet nicht. Und die Liebe in der Luft mahnt Nadja: Öffne den Mund und ich schwebe hinein!

Jetzt oder nie!

Da tritt er in den Kaugummi. Aufgeweicht von der Sommersonne, es wird noch einmal heiß werden heute. René flucht. Rotzlöffel, könnt ihr euern Dreck nicht in den Mülleimer schmeißen? Saubande! Wenn das Maike machen würde!, schimpft er. Nadjas Miene versteinert. Ihr Traum steckt in einer Kaugummiblase, fliegt auf und davon, und zerplatzt.

Ahnt er etwas? Die Situation berührt sie peinlich und der Mut verlässt sie. Sie bringt es nicht fertig, ihm zu gestehen, dass sie die Schuldige ist. Die Schamröte steigt ihr ins Gesicht. Sie fühlt sich ertappt und die Klebrigkeit steht zwischen ihnen. Lügen kann sie nicht. Nadja weiß, was es bedeutet, angelogen zu werden. Wenn Vertrauen ausgenutzt wird. Mit der schmerzvollen Erinnerung an vergangene Tage kehrt ihr Verstand zurück. Sie grüßt knapp, aber höflich und geht mit energischen Schritten an René vorbei. Geradewegs zur Arbeit, obwohl sie sich heute freigenommen hatte.

Am nächsten Morgen verlässt Nadja das Haus eher.

Für immer und ewig
Stefanie Schick

Sie begegnete Johann im Frühling. Die uralten, riesigen Rhododendron-Büsche, die schon seit vielen Jahren hier standen, bogen sich unter den schweren Blütendolden und wetteiferten rosa, pink und weiß mit den verschwenderischen Farben der kleineren Azaleenbüsche, duftend in einer Süße, wie Sehnsucht schmecken mag – lieblich, nicht greifbar und doch so nah und direkt, wie die Umarmung fremder, geliebter Haut.

Sie fuhr oft mit dem Fahrrad, weil sie sich dann frei fühlte. Sie fuhr gern schnell und kam sich dann wie ein Wildpferd vor – ungezügelt, ohne Beschränkungen und ungebunden. Sie liebte den schnellen Rhythmus ihres Herzens, das bis in ihren Kopf hinauf pochte, das Prickeln ihres Blutes, das weißglühend durch ihre Adern schoss, den Schweiß im Nacken, den der Wind kühlte, wenn er ihre langen Haare nach hinten zog, und trat schneller und schneller in die Pedale, im Rausch einer Geschwindigkeit, die nicht von Zeit bestimmt war, sondern von Freiheit. Die Autos auf der Straße verschwammen, die Bäume am Waldrand schienen mit ihr zu laufen, sie nahm nicht länger die Menschen wahr, die ihr entgegenkamen, musste nicht länger ihre Gesichter ertragen, vor denen sie sich so fürchtete, und lachte laut und wild, wenn ihr jemand etwas hinterher schrie, das längst schon vom Fahrtwind davongetragen worden war, bevor es ihre Ohren erreichen konnte. Niemand konnte ihr etwas tun, wenn sie so schnell der Zeit entfloh, sie war frei, so frei wie ein Pferd in der Prärie, so frei, wie sie sonst gefangen war in dem engen Bretterverschlag, den sie um sich herum gebaut hatte, um sich vor der Welt zu schützen.

Freunde hatte sie keine. Nicht in der Klasse der Realschule, die sie besuchte und auch nicht in der Nachbarschaft. Eigentlich machte ihr das gar nichts aus. Sie brauchte keine Freunde. Sie war am liebsten allein. In ihrem Zimmer schloss sie stets die Tür und manchmal drehte sie den Schlüssel herum, damit niemand zu ihr hinein konnte. Dann lag sie auf dem Bett und las, oder sie malte ein neues Pferdebild, das sie dann an die Wand klebte zu den unzähligen anderen Pferdebildern, die dort schon hingen, so viele, dass man das Orange der Tapete dahinter nicht mehr erkennen konnte. Sie führte Tagebuch. Es war mit blauem Blümchenstoff bezogen und man konnte es mit einem kleinen, goldenen Schlüssel verschließen, sodass niemand lesen konnte, was sie hineinschrieb. Manchmal weinte sie. Das passierte immer dann, wenn sie darüber nachdachte, wie es wäre, eine richtig gute Freundin zu haben. Diese kleine Stimme in ihrem Kopf, die das sagte, hatte genau die gleiche Stimme wie Ilona, das beliebteste Mädchen der Klasse. Ilona war all das, was sie nicht war: Sie war schlank, blond und hatte eine makellose Haut. Und Ilona lief auch nicht so komisch wie sie. Ilona sagte immer »Entenarsch« und »Pickelgesicht« zu ihr und lachte sie aus, wenn sie zusammen mit ihren vielen anderen Freundinnen auf der Schulhoftreppe saß. Trotzdem bewunderte sie Ilona, die nur Einsen in Mathe schrieb und bernsteinfarbene Augen hatte.

Sie bewunderte Ilona, weil sie all das verkörperte, was sie selbst nie sein würde, nicht in tausend Jahren. Manchmal dachte sie, dass ihr Leben wie eine Textaufgabe war: Sie würde nie den richtigen Lösungsansatz finden und das Ergebnis, das sie selbst war, würde immer falsch sein, bis auf acht Stellen hinter dem Komma.

Und dann lernte sie Johann kennen. Er war anders, lachte sie nicht aus, wenn sie ihm etwas erzählte über die Götter der griechischen Sagen, die sie so liebte. Mit ihm konnte sie über Jack London sprechen und Jules Verne; und das Beste war, dass sie mit Johann auch über ihren Kummer sprechen konnte: dass sie Mathe nicht verstand und dass Ilona sie auslachte. Sie sprach dann immer von der dummen Kuh Ilona und kam sich großartig dabei vor. Sie erzählte Johann von ihrer Angst weiterleben zu müssen, es nicht aushalten zu können bis zum bitteren Ende, weil das Leben einfach wie eine einzige lange Sportstunde mit Frau Winter und Völkerball war. Dieses Spiel hasste sie am meisten von allen Spielen, immer blieb sie als Letzte bis zum Schluss übrig, panisch flüchtend von einer Ecke in die andere aus Angst, von dem harten Ball getroffen zu werden. Frau Winter kam auf ihrer Hass-Skala gleich nach Völkerball, weil Frau Winter sie zwang Rad zu schlagen, was sie überhaupt nicht konnte oder über einen Kasten zu springen, wobei sie meistens losrannte, um dann knapp davor abzubremsen, weil sie der Mut verließ. Und dann lachten alle. Und Frau Winter lachte am lautesten. Sie hasste Sportstunde. Und Leben war wie Sportstunde.

Manchmal konnte sie für eine Weile vergessen, dass sie nichts weiter als eine hässliche Versagerin war, die keiner mochte, die keinen Anspruch auf Liebe hatte.

Wenn sie schneller als der Teufel mit ihrem Rad die Straßen entlang jagte, im Park auf einer Bank saß, versunken in irgendein Buch, das sie entführte in eine andere, eine schönere bessere Welt, die Stunden in ihrem Zimmer, in denen sie ihren Wünschen und Träumen nachhängen konnte oder auf ihren Wanderungen in den nahe gelegenen Wald, Pflanzen sammelnd für ihr Herbarium, das nun schon fast voll war mit Wildblumen – das waren ihre Glücksmomente. Schöne, unbeschwerte Zeit.
Und nun war etwas neues Schönes hinzugekommen: Johann.

Manchmal blieb sie stundenlang bei ihm, erzählte ihm von der Schule, von dem Stress mit ihren Eltern, die ständig irgendetwas von ihr erwarteten, das sie ihnen nicht geben konnte, weil sie nie Mathe verstehen würde, weil sie nie Freundinnen haben würde, weil sie immer nur ihr »Problemkind« war und nicht »normal«, wie alle anderen – und sie erzählte ihm von der Sportstunde mit Frau Winter. Irgendwann verliebte sie sich in Johann, weil er der beste Freund war, den sie je hatte. Er fand sie nicht hässlich, und er fand auch nicht, dass sie eine Versagerin sei. Sie freute sich so sehr auf die Besuche bei Johann, dass es prickelte – tief in ihrem Bauch und in ihrem Magen, sodass sie vor lauter Vorfreude gar nicht mehr richtig essen konnte. Johann war ihr Geheimnis. Sie erzählte ihren Eltern nichts von ihm, weil sie denen sowieso nichts erzählte. Warum auch? Von ihnen wurde sie sowieso nicht verstanden. Wahrscheinlich hätten sie argumentiert, dass es besser für sie sei, eine Freundin zu haben und keinen Freund, dass sie noch zu jung für so was sei, oder so ähnlich. Außerdem fühlte es sich gut an, ein Geheimnis zu haben, das nur ihr allein gehörte und keinem anderen.

Manchmal brachte sie Johann sogar Blumen mit und sie fand es überhaupt nicht schlimm, dass sie keine von ihm bekam. Sie pflückte die Blumen auf den Parkwiesen, flocht Kränze aus Gänseblümchen oder stibitzte eine Rose aus dem Garten ihrer Eltern. Einmal waren es ein paar mehr, das fiel ihrer Mutter natürlich sofort auf und sie schimpfte fürchterlich. Doch als sie ihr erzählte, dass sie die Blumen ihrer Lehrerin, Frau Winter, bringen wollte, war alles wieder gut. Das wäre doch eine nette Geste, einer Lehrerin Blumen mitzubringen, meinte ihre Mutter. Sie lächelte, nahm die Blumen morgens in Zeitungspapier eingeschlagen mit zur Schule und legte sie dort, sorgsam unter einem Busch verborgen, ins Wasser am Ufer des Ententeichs hinter der Sporthalle. Nach der Schule fuhr sie zu Johann und brachte ihm die Blumen. Er freute sich sehr darüber.

Das Furchtbare geschah an einem Samstagmorgen. Sie saßen am Frühstückstisch und ihr Vater las die Zeitung. Plötzlich stutzte er, weil er in einem Artikel etwas gelesen hatte. »Ich wusste gar nicht, dass es so etwas dort gab!«, sagte er und las ihnen den Artikel laut vor.

Ihr wurde eiskalt. Ihre Mutter fragte sie, ob sie eine Grippe bekäme, sie wäre so weiß um die Nase. Doch sie schüttelte hastig den Kopf, rief knapp, dass sie weg müsse und stürzte in ihr Zimmer. »Aber es regnet doch, wo willst du denn hin?«, rief ihre Mutter ihr hinterher, doch da war sie schon aus der Tür, rannte zur Garage und holte ihr Rad. Sie war noch nie so schnell gefahren, in ihrem ganzen Leben nicht. Der Regen schlug ihr ins Gesicht und durchweichte ihre Sachen minutenschnell. Ihre Hose klebte auf ihren Oberschenkeln fest und ihr Anorak drückte sich gegen ihren Körper, trotz der Kälte schwitzte sie und ihr Schweiß war eiskalt. Ihr war schlecht, mehrmals dachte sie, dass sie sich übergeben müsse, doch irgendwie brachte sie doch die Kraft auf, weiterzufahren. Hoffentlich schaffte sie es noch rechtzeitig! Die Zeit arbeitete gegen sie, zehn Uhr stand in der Zeitung, es war halb zehn, sie strengte sich an und keuchte gegen den Wind, der sich ihr entgegenstemmte, als hätte er irgendwie eine Seele bekommen und wolle sie nun davon abhalten, rechtzeitig zu Johann zu gelangen.

Als sie in den vertrauten Weg einbog, sah sie schon von weitem einen großen Schaufelbagger. Die Erde lag aufgerissen in Furchen mit der Grasnarbe nach unten auf dem Weg. Sie konnte nicht mehr weiterfahren, stieg ab und lehnte ihr Rad an einen Baum. Sie rannte zu Johann, schwitzend und keuchend und schrie: »Das dürft ihr nicht! Er ist mein Freund, ihr dürft das nicht, mein einziger, bester Freund, ihr bringt ihn um!« Der Baggerführer sah sie verständnislos an und schüttelte den Kopf.

»Mädchen, die, die hier liegen, sind schon lange tot, die kann man nicht mehr umbringen. Dieser alte Kinderfriedhof wurde schon vor Jahrzehnten vergessen, und nun muss Platz her für neue Grabstätten. Nun beruhige dich mal wieder, du bist ja ganz durch den Wind, hier lebt nichts mehr!«

Er hatte nichts verstanden. Niemand hätte das.

Sie rannte weiter, bis sie zu Johann kam.

Der Stein lag achtlos auf der Seite am Boden, die Erde aufgewühlt und geschändet, in Brocken daneben.

Ein paar Vergissmeinnicht aus dem letzten Strauß, den sie ihm mitgebracht hatte, lagen zerquetscht und verwelkt zwischen den Erdklumpen.

Sie las die Inschrift, die sie schon so oft gelesen hatte:

Auf immer und ewig, mein geliebtes Kind.

Johann Wilhelmms
Geboren 20.01.1924, gestorben 04.05.1936

Zwiegespräch
Marcel Meder

אָדָם / Adam / Mensch,

ins Leben geworfen zu *meiner* עֵת / ēt / Zeit,

so findet alles *seine* זְמָן / semān / Zeit, auch du.

אֲדֹנָי /Adonai/Herr,

reich an Zeit du, אַהֲבָה / ahavāh / Liebe,

arm an Zeit ich, הֶבֶל / häväl / Windhauch.

Mensch,

und siehe: alles ist gut zu *meiner* Zeit,

nun lass es dir an *deiner* Zeit genügen.

אֱלֹהִים / Elohim / Gott,

כָּבוֹד / kāvōd / Fülle, *dein* Erschaffen in *deiner* Zeit,

Windhauch, all *mein* Tun zu *meiner* Zeit.

Mensch,

dein klagendes Reden, Windhauch nur zu *meiner* Zeit,

Verschwendung *deines* durch mich eingehauchten

רוּחַ / ruach / Atems.

יְהֹוָה / JHWH / Jahwe,

schweigen zu *deiner* und zu *meiner* Zeit will ich,

antworte mir nur: wie lange noch in *deiner* Zeit?

Bundesliga am Sonntag – 2:1 für Schatz
Michael Gersemann

Wir lagen so da.
Sie rechts mit Tee,
ich links mit Kaffee.
Ich dachte an Fußball,
sie offensichtlich an anderes:
»Schatz, liebst du mich noch?«
Wie ein Erdbeben brach diese Frage über mich herein.
Wie eine eingeköpfte Bananenflanke von links.
Wie blöd ist das denn?

1:0 für Schatz.

Nachdem ich den fehlgeleiteten Kaffee heraufgewürgt
und auf die fast frische Bettdecke verteilt hatte,
nachdem ich wieder Luft bekam, sagte ich:
»Ich find dich ganz ok!«
Dickes Foul.
Elfmeter! Zack! Tor!

2:0 für Schatz.

So ein Mist aber auch.
Gut, dass der Tee nicht mehr so heiß war,
als er mir durchs Gesicht lief.
Und dann auch noch Fenchel. Igitt.
Angriff ist die beste Verteidigung.
Also wechselte ich noch schnell
einen Abwehrspieler gegen einen Stürmer.

Und jetzt noch eine harte Flanke nach vorne.
»Zufällig Lust auf Sex, Schatz?«
Pause. Schweigen.
Noch mehr Pause.
Und weiteres Schweigen.
Der Ball fliegt ...
und fliegt ...
und fliegt ...
Dann:
»Wie bitte? Wie kannst du jetzt an Sex denken,
wo doch gerade unsere Zukunft auf dem Spiel steht.«
... und landet mitten im frisch eingewechselten Stürmer.
Zusammengebrochen und schmerzverzerrt
wird er vom Spielfeld getragen.
Das tut ganz schön weh.
Eine weitere kleine Pause.
Hatte ich gerade richtig gehört?
Da war doch etwas Ernstes in ihrer Stimme.
Dann lieber wieder einen Abwehrspieler.
Schnell getauscht. Neu formiert. Kurz überlegt.
Es geht hier offensichtlich um die Zukunft.
Das soll mehr sein als Sex, behaupten viele.
Damit kenne ich mich nicht aus.
Also stand ich auf.
Ich wollte mich gerade anziehen, dann das:
»Du willst doch nicht eine Frau wie mich,
voller Lust und Leidenschaft,
hier in deinem Bett einfach so liegen lassen?«
Verwirrung. Zweifel. Unsicherheit.
Ich legte mich zu Schatz.
Und das war kein Fehler.
Denn so kam ich doch noch zu einem Tor.
Endstand: 2:1 für Schatz.
Gut, verloren.
Aber dieses eine Tor werde ich nie vergessen.
Es liegt mittlerweile neben mir.
Heißt Lea.

Wintergeschichte
Frank Paßhahn

Der Großvater meines Freundes hatte nur einen Arm. Im Sommer, wenn er kurzärmelige Hemden trug, sah man den Stumpf wie den Schädel eines Babys aus dem Ärmel ragen. Ein Schädel mit einer Furche in der Mitte. Bei Hemden mit langem Arm steckte er den Ärmel in den Hosenbund. So konnte man nie darüber hinweg sehen, dass etwas an ihm fehlte.

Es verstörte mich immer wieder aufs Neue, und immer war dieses Gefühl ein wenig anders, wenn wir ihn besuchten, oder wenn ich aus dem Fenster sah, und er die Straße entlang ging.

Das Wort obszön kannte ich damals nicht, aber so empfand ich es mit meinen sieben Jahren. Dieser Widerwille, den ich spürte, war kein Ekel, aber ich fand, dass es so etwas nicht geben sollte. Manchmal dachte ich so verbissen darüber nach, dass ich Kopfschmerzen bekam, und ich spürte genau, dass mein Kopf zu klein war für das, was ich hinein stopfen wollte.

Unsere Großeltern waren keine große Hilfe, denn wenn man sie nach dem Krieg fragte, wurden sie einsilbig. Bernds Opa erzählte nur, dass er den Arm in Russland durch eine Granate verloren hatte, und dass der Winter dort kalt war, ungefähr dreimal so kalt wie bei uns, und nur der Hunger noch schlimmer war. Dann sagte er noch: »Aber ihr werdet so was zum Glück nicht erleben!« und wir gingen wieder spielen, und zerbrachen unsere Köpfe mit Fragen.

Wie fühlt es sich an, zu hungern, zu frieren, angeschossen zu werden und die Angst aushalten zu müssen, die wir in den Stimmen unserer Großeltern wahrnahmen, wenn sie sich erinnerten, obwohl der Krieg schon Jahrzehnte zurücklag? Und wie war es wohl, zu sterben, und warum schoss man überhaupt aufeinander? Oder warf Bomben auf Frauen und Kinder, denn auch unsere Großmütter waren von diesem Krieg nicht verschont worden.

Wenn man sie ausreichend bedrängte, erzählten sie von brennenden Häuserzeilen, Phosphorbomben, deren Brände man nicht löschen konnte und Menschen, die wie Fackeln durch die Straßen liefen.

Die Geschichten unserer Eltern waren weniger spektakulär, dafür aber verständlicher. Mein Vater hatte zwar seinen Wehrdienst abgeleistet, aber seine einzige Heldentat hatte darin bestanden, an einem Wochenende, während einer Ausgangssperre über den Kasernenzaun zu klettern und trotzdem nach Hause zu fahren, um seine Freundin zu sehen. Es war die Zeit des Prager Frühlings, und sowjetische Truppen waren in die damalige Tschechoslowakei einmarschiert, um den Aufstand niederzuschlagen.

Meine Eltern schienen sich jedenfalls sehr aufeinander gefreut zu haben, denn neun Monate später kam ich zur Welt. Die Russen waren schuld, und die Feldjäger, die meinen Vater ein paar Tage später abholten, hatten es nicht verhindern können.

An einem Tag im Januar spielten wir im Schnee. Es hatte seit Tagen geschneit. Auf den Feldern um unsere Siedlung sank man bis zu den Knien ein, und in manchen Verwehungen reichte der Schnee bis zu den Hüften. Wir spielten in einem kleinen Waldstück zwischen den Ackerflächen, deren Parzellen nicht mehr zu unterscheiden waren.

Alles war weiß und still, bis auf den Wald, in dem Äste brachen und Kinder schrien, die mit Holz- und Plastikgewehren aufeinander schossen und dazu die entsprechenden Geräusche machten.

In dem Wald gab es viele Mulden, von denen eine ausgesucht wurde, um sie zu erobern. Dazu wurden zwei Gruppen gebildet, meistens Russen und Amerikaner, und jede Armee bestand aus drei bis vier Kindersoldaten. Regeln gab es kaum, außer der, dass wer getroffen wurde, umfallen musste und nicht zurückschießen durfte.

Die Streitereien, die sich daraus ergaben, waren meist erbitterter als der Krieg, den wir spielten.

»Du kannst nicht zurückschießen! Du bist tot, Idiot«!

»Na und? Dann hab ich mich eben mit letzter Kraft auf dich drauf fallen lassen mit ner Handgranate!« Oder es wurde genörgelt: »Ich will nicht immer Russe sein!«

Aber wir einigten uns meistens schnell, denn wer wiederholt die Regel brach, durfte nicht mehr mitspielen. Anführer gab es keine. Am Ende waren doch alle tot und froren in durchnässten Sachen.

An diesem Tag gingen die Anderen gegen Abend nach Hause, und ich blieb. Ihre Stimmen wurden in der Ferne vom Schnee geschluckt, wie die Spuren der Leute, die ihre Hunde ausführten; alle Unterschiede verwischt.

Eine Zeit lang saß ich da und hörte ins Nichts. Nicht einmal Motorengeräusche von den entfernten Straßen waren zu hören. Die Fahrzeuge fuhren zu langsam, und ihre Scheinwerfer verdeckte der fallende Schnee. Dann musste ich aufstehen und mich bewegen, denn von dem ganzen sich sterbend im Schnee wälzen war ich bis auf die Haut nass. Selbst die Socken und meine Mütze, die ich nur auf behielt, weil ich sonst noch mehr gefroren hätte.

Der Wind schien mir ohnehin schon kleine Muster in die Stirn zu ritzen. Da war ich also, ein einsamer, deutscher Soldat, der seine Truppe verloren hatte und durch die Tundra irrte. Ich entfernte mich immer weiter von dem Wohngebiet in meinem Rücken und weg von dem Wald, mit dem Blick auf weite, zugeschneite Flächen, ohne Wege, ohne Spuren.

In der Ferne sah ich einige kleine, erleuchtete Fenster und stellte mir vor, dort wohnten Feinde, und wäre mir jemand entgegen gekommen, ich hätte mich versteckt, oder ihn vielleicht erschreckt.

Doch eigentlich war ich dazu schon zu schwach. Ich brauchte meine Kraft, um mich in Zeitlupe durch den Schnee zu schleppen, wobei ich immer wieder in versteckte, gefrorene Pfützen einbrach. Ich wusste zwar, wo die asphaltierten Wege entlang liefen, auf denen der Schnee nicht ganz so hoch und gleichmäßiger verteilt lag, aber ich wollte wissen, wie lange ich das durchhielt. Ein Zeitempfinden hatte ich bald nicht mehr. Nur meine wachsende Schwäche war ein Maß. Bald zitterte ich auch beim Gehen und bekam Seitenstiche. Manche Hautpartien spürte ich nicht mehr, nicht einmal, wenn ich sie berührte. Dabei fiel mir auf, dass ich auch meine Finger nicht mehr fühlte und beschloss, zurückzugehen. Dumm war nur, dass ich den Rückweg nicht eingeplant hatte, bei meiner Überlegung, so weit zu gehen, wie ich konnte.

Irgendwo in der Dunkelheit lag das Dorf, in dem ich wohnte, Ich würde es nie erreichen. Und Hunger hatte ich, weil ich seit dem Frühstück nichts gegessen hatte. Zwischen Rippen und Becken lag nur ein hohles Loch mit leichten Schmerzen. Doch in dem Moment, als ich am meisten Lust hatte aufzugeben, veränderte sich etwas in mir, und von da an schleppte ich mich automatisch weiter, unbewusst und mechanisch, bis ich vor den ersten Häusern unseres Wohngebietes stand, und zwei Straßen weiter gab es ein warmes Haus mit Bett und gefülltem Kühlschrank. Diese Aussicht gab mir einen Grund, noch ein wenig zu warten, und in Sichtweite noch eine Weile herum zu laufen, bis ausgerechnet Bernds Opa nach draußen kam, der mich vom Fenster aus gesehen hatte.

»Was machst du denn noch so spät draußen?« fragte er. »Komm, ich bring dich nach Hause! Deine Eltern machen sich bestimmt Sorgen!«

»Wie siehst du denn aus?« fragte meine Mutter mit großen Augen, als ich in der Tür stand. »Weißt du, wie spät es ist?«

»Nee!« Ich starrte auf ihre Füße.

Sie schüttelte den Kopf und zog mich ins Haus. »Was hast du dir eigentlich dabei gedacht?« Dann zog sie mich die Treppe rauf ins Badezimmer, ließ Wasser in die Badewanne und zog mich aus, weil ich meine Finger nicht benutzen konnte. »Du musst erst mal raus aus den nassen Klamotten! Wie siehst du bloß aus!«

Darauf sah ich in den Spiegel und verstand, was meine Mutter meinte. Meine Haut war in einem hellen schmutzigen Blauton gefärbt.

Ich hatte violette Lippen und tiefe Ringe unter den Augen. »Ich hab Hunger!« sagte ich.

»Du musst dich aufwärmen! Geh erst in die Wanne!«

Das Wasser war lauwarm, aber ich schien mich zu verbrühen, so heiß kam es mir vor, und Millimeter für Millimeter ließ ich mich hinein sinken. So war das also als Soldat an der Ostfront. Wenn man nicht umkam, fror und hungerte man, bis man ein warmes Plätzchen fand, wo es heißes Wasser und belegte Brote gab. Nur die Einschusslöcher und abgerissenen Gliedmaßen passten immer noch nicht ins Bild.

Aber das war meine Art, Wissen zu verinnerlichen, und so ist es geblieben.

Die Motte
Björn Rudakowski

Das Letzte, woran ich mich erinnern kann, war diese Motte. Der Unterschied zwischen einer Motte und einem Schmetterling ist die Farbenpracht. Aber streng genommen gibt es keinen biologischen Unterschied zwischen Motte und Schmetterling. Motten stauben, sind immer grau, zerfressen Kleider und niemand will die Raupe kennen, aus der irgendwann einmal eine Motte wird. Wer will schon ein Leben lang grau sein, sich von unmodischen alten Kleidern ernähren und an einer Glühbirne verbrennen?

Irgendwie war dieses Vieh in mein Auto gekommen. Das Gebläse vor meiner Windschutzscheibe wirbelte sie durch meinen Wagen. Immer wieder flatterte sie vor meinen Augen. Ich schlug nach ihr. Sie besaß die Dreistigkeit und setzte sich mitten auf den Rückspiegel. Ich zögerte, schaute in den Außenspiegel. Die Straße schien frei zu sein. Ich holte aus und schlug nochmals kräftig zu. Ich rutschte vom Gaspedal ab, landete mit meiner Nase auf meinem Lenkrad und riss es ungewollt viel zu weit nach links herum. Das alles geschah in Sekunden, dann durchschlug mein Wagen die Leitplanke auf der A40 in Richtung Venlo.

Der Waschlappen, der mich wusch, war kalt. Vermutlich die Hand in ihm ebenfalls. Ich will kein schlechtes Wort über das medizinische Personal verlieren. Sie rannten, schrieben, beobachteten mich rund um die Uhr, stellten Maschinen ein und ab, legten Schläuche, stachen Nadeln in mein Fleisch. Doch sie redeten nur selten mit mir. Ein Gespräch schien zu kompliziert in dieser medizinischen Hightechwelt zu sein, die mich am Leben hielt. Wie ich in dieses Krankenhaus auf die Intensivstation gelangt war, konnte ich nicht sagen. Ich bekam mit, dass es Samstag war, weil irgendein Pfleger, Holger, heute seinen 30. Geburtstag feiern wollte.

Meine Frau heulte nur. Das Einzige, was sie unter Bächen von Tränen sagte, war: »Um Gottes Willen!«, »Nein, warum ausgerechnet Du?!«, »Du kannst mich doch jetzt nicht alleine lassen!« Das, was meine Mutter, mein Vater, Verwandte und Bekannte sagten, klang nicht anders. Von dem Tag an, mit dem ich ein eigenartiges Bewusstsein wiedererlangte, erfror meine Beziehung zu ihnen von Besuch zu Besuch wie Robert Falcon Scotts verirrtes Forscherteam am Südpol. Die Kälte war die Kargheit ihrer Worte, sie klirrte in der Monotonie der Einfallslosigkeit ihres Leidens, obwohl oder gerade weil all ihr herzzerreißendes Mitleid mir galt.

Ich hatte gar nicht vor, irgendwen alleine zu lassen, doch alles, was ich glaubte zu sagen, hörte oder verstand kein Mensch. Es prallte geräuschlos an einer Wand ab, auf der ein enttäuschter Graffitisprayer die Sätze: »Um Gottes Willen!«, »Nein, warum ausgerechnet Du?!«, »Du kannst mich doch jetzt nicht alleine lassen!« in bedrohlichen, blutroten Lettern gesprayt hatte.

Schmerzen hatte ich nicht. Auch nicht, als mein Kreislauf an einem Tag zusammengebrochen sein musste. Alle Geräte um mich herum piepsten plötzlich wie wild, Lampen leuchteten und Schwestern und Ärzte kamen an mein Bett geflogen, pressten mir zwei kleine Platten auf die Brust und drückten ungeheuerlich auf meine Rippen. Ich bildete mir ein, dass es einen Moment lang nach verbranntem Fleisch gerochen hatte. Auch wenn sie mich anfassten, spürte ich nichts. Schmecken konnte ich. Mein Mund war trocken wie die Sahara. Das Personal war nach ca. drei Minuten sichtbar erschöpft wieder von meinem Bett gewichen und Stille kehrte langsam ein, von dem ständigen Surren und Ticken der Geräte um mich herum mal abgesehen. Doch es redete wieder keiner. Bevor sie gingen, glaubten die Ärzte zu wissen, dass ich einen weiteren Herzstillstand nicht mehr überleben werde. Sie waren sich sicher, dass ich sowieso keine Chance habe. Sie bezeichneten es als Apallisches Syndrom, ein Coma vigile, mit zwei irreversiblen Hirnödemen und ausbleibender Pupillenreaktion. Es sei besser, wenn meine Frau ihnen bald die Erlaubnis erteile, die medizinischen Geräte auszuschalten.

Kurz darauf kam meine Frau. Sie weinte wieder: »Um Gottes Willen!«, haderte sie mit dem Schicksal, »Nein, warum ausgerechnet

Du?!« Und erneut flehte sie mich an: »Du kannst mich doch jetzt nicht alleine lassen!«

Zuerst wollte ich ihr noch Trost spenden und versprach ihr leichtsinnig, dass ich wieder gesund werde. Ich wünschte mir, dass sie endlich ihre Tränen wegwischte, ihre drei Kardinalsätze für immer verschluckte und über das Wetter zu reden begann, oder mir endlich verriet, wie mein Lieblingsfußballverein am Wochenende gespielt hatte. Eins dürfe meine Frau jedoch auf keinen Fall machen, glaubte ich permanent auf sie eingeredet zu haben: Den Ärzten erlauben, die Maschinen abzustellen.

Sie weinte, ohne ein Wort von mir vernommen zu haben. Sie stand nach einer halben Stunde einfach auf, Tränen während des Gehens, den Kopf gesenkt, keine Kraft sich zu meinem Bett umzudrehen. Ich rief verzweifelt hinter ihr her: »Gib den Quacksalbern auf keinen Fall deine Unterschrift, hörst du. Sie sollen die Maschinen nicht abstellen!« Die Glastüre zu meiner Patientenkabine fiel ins Schloss, ohne dass meine Frau irgendeine Reaktion auf mein Geschrei gezeigt hätte. Es war höchste Zeit, sich eine Strategie auszudenken.

Einer der letzten Tagebucheinträge Robert Falcon Scotts lautete: »Wären wir am Leben geblieben, ich hätte eine Geschichte erzählen müssen von Kühnheit, Ausdauer und vom Mut meiner Gefährten, die das Herz jedes Briten gerührt hätte.«

Leider nahm das Schicksal des britischen Polarforschers bekanntlich eine andere Wendung und Amundsen erzählte stattdessen die Heldentaten der erfolgreichen Südpolexpedition seinen norwegischen Landsleuten.

Ein wesentlicher Punkt meiner Strategie, das wurde mir sofort klar, bestand in eben dieser Ausdauer. Kühnheit benötigte ich, weil ich davon ausging, es gelänge mir, obwohl das Einzige, was meine Mitmenschen scheinbar von mir wahrnahmen, Blut-, Puls- und Blutdruckwerte waren, diese dennoch davon zu überzeugen, die horrend teure Technik der Intensivmedizin für einen scheinbar hoffnungslosen Fall weiter arbeiten zu lassen. Mut brauchte ich, weil auch Scotts allerletzter Tagebucheintrag mit den Worten: »Um Gottes Willen…«, begonnen haben soll.

Die täglichen Ärztevisiten waren das Schlimmste. Die Ärzte ratterten ihre Werte ab. Es konnte gar nicht sein, dass etwas, das sie als

Leben, geschweige denn als Bewusstsein erkennen konnten, noch in mir stecken sollte. Sie schwenkten ihr Taschenlämpchen vor meine Pupillen und verließen mit der Gewissheit, dass ihre Art der Menschlichkeit jetzt nur noch darin münden sollte, meine Frau davon zu überzeugen, die Geräte auszuschalten. Sie wollten sie jedoch nicht überrumpeln und gönnten mir noch zwei Tage erstklassige, standardisierte und normierte Intensivmedizin.

Der schönste Teil des Tages war Ayse, die füllige und lebenslustige, türkische Putzfrau. Sie schwang singend ihren Putzmob durch meine eh schon nahezu sterile Kabine und sorgte mit ätzenden Putzmitteln dafür, dass sich so schnell daran nichts ändern konnte. »Du werden wieder gesund«, grinste sie in meine Richtung. Ihre braunen Augen leuchteten, wenn sie mit ihrem Staubtuch vorsichtig über den Perfusor wischte, der auf die Sekunde genau die lebensrettenden Dosen an Medikamenten in meine Adern pumpte. »Ich bete jeden Morgen für sie hier alle, bevor ich gehen zur Arbeit. Dass Mann und Frau hier wieder gesund.« Wahrscheinlich wollte sie mit ein paar netten Worten nur ihr Deutsch verbessern und wir Patienten waren ihre nachsichtigen Klassenkameraden. Nach drei Tagen kannte ich ihre Kinder: Serpil, Toni und Gülsen. »Toni noch klein. Andere auf guter Schule. Gülsen studieren. Wird Ärztin, helfen Menschen wie sie", und wieder strahlten ihre braunen Augen. Ihr Mann war fleißig, ein Fernfahrer, der leider oft zu müde war, wenn er seine Touren nach Südfrankreich und Italien beendet hatte: »Aber guter Mann«, versicherte sie mir.

Sie sang immer das gleiche Lied, ein altes türkisches Lied. An eine Zeile kann ich mich erinnern: »*Benim adim kelebekdir isim güzüm eylenmekdir*«.

Wenn sie sang, mit ihrer tiefen, warmen Stimme, erinnerte es mich an den Gesang meiner Mutter, die ebenfalls ständig während ihrer Hausarbeit zu singen begann. Ich glaubte zu spüren, wie meine Augen vor Rührung feucht wurden. Doch auch am nächsten Tag stellte die Ärzteschaft fest, dass sich rein gar nichts in meinen Augen tat. Ich musste mich beeilen, morgen wollten sie auf meine Frau zugehen.

Von meiner Patientenkabine konnte ich auf eine Uhr blicken. Zu jeder vollen Stunde raffte ich all meine Kraft zusammen und entließ sie in einem fürchterlichen Schrei, der dazu ausgereicht hätte, die Mauern von Jericho zu Fall zu bringen. Aber niemand nahm ihn wahr. Zu jeder halben Stunde rief ich nach allen Namen, die ich vom medizinischen Personal aufgeschnappt hatte, und bat sie um Hilfe. Und natürlich jeden, der in meine Kabine hineinkam, brüllte ich an wie ein Löwe. Aber niemand reagierte.

    Am nächsten Morgen kam meine Frau – sehr früh. Sie war in Begleitung meiner Eltern und meiner beiden Schwestern. Meine Frau sagte diesmal nichts mehr, umklammerte wie benommen meine Hand. Sie heulte, ohne Worte. Meine Familie das Gleiche. Es war noch gespenstiger, als immer wieder ihre monotonen drei Sätze zu hören. Es wurde ernst.
    Vielleicht war es gut so, dass ich sterben sollte. Es starben täglich Millionen an banaleren Dingen, ohne dass Ärzte in ihrer medizinischen Hightechindustrie kapitulierten. Es war jedoch mein Leben, von dem ich Abschied nehmen sollte und kein abstraktes Leben in den Nachrichten, das durch eine Bombe oder Hungersnot erlosch. Hatte ich mein Leben oft auch verflucht, so war dieser Schritt zur Endgültigkeit undenkbar. Ich verzweifelte. Versuchte, die Verzweiflung loszuwerden, indem ich begann zu relativieren. Mein Tod sei ein gerechter, weil irgendwo auf diesem Planeten schließlich Menschen verhungerten, an längst heilbaren Krankheiten starben, weil ihnen die Mittel fehlten, sie für Hungerlöhne arbeiteten, die Verhältnisse auf der Welt so blieben wie sie waren, nur damit Menschen wie ich in teuren Mittelklassewagen weiter nach Motten jagen konnten. Dass mich keiner da draußen mehr wahrnahm, war die gerechte Strafe für mein allzu luxuriöses Leben. Ich geißelte mich mit mutigen Gedanken. Es war halt Verschnitt, dass die so weit entwickelte Technik der Medizin meine Form des Bewusstseins nicht mehr erfasste.
    Ich schrie wie ein Wahnsinniger während der Chefarztvisite. Die Panik hinter leblosen Augen. Keiner hörte mich. Meine medizinischen Daten, die Kurven auf den Monitoren, stahlen, raubten mir die Worte und allmählich verstummte auch die Welt um mich herum. Wer von uns hatte das Bewusstsein verloren? Die da draußen oder ich?

Es war beschlossen: Gegen Mittag würden sie die Maschine ausschalten. Meine Frau hatte unterschrieben. Ein Kollaps mit anschließendem Herz- und Atemstillstand wäre vorprogrammiert. Ich weinte, doch es gab keine Tränen.

Ayse kam zum Putzen. »Heute Sonnen scheinen! Ich machen kurz Fenster auf. Luft gut für Mann.« Ich weinte, als sie wie immer zu singen begann: »*Benim adim kelebekdir isim güzüm eylenmekdir*«. Das letzte Mal würde ich ihre Stimme hören. Sie hatte ich nicht angebrüllt, weil ich keines ihrer Worte verpassen wollte. Ich habe mich bei Ayse persönlich für ihren Gesang und ihre liebevollen Familienanekdoten bedankt, bevor sie meine Kabine schloss. Meine Worte drangen nicht zu ihr durch.

Ayse hatte vergessen, das Fenster zu schließen. Was war das? Ausgerechnet einer staubigen Motte war es gelungen, sich einen Weg in diese so sterile Gegend zu bahnen. Sie kam zu mir ans Bett geflattert, tanzte in der Luft vor meinem Gesicht. Wäre ich doch zu einem deiner Artgenossen etwas freundlicher gewesen, grinste ich müde. Ihre Bewegungen sahen lustig aus, als hüpfe sie wie eine Puppe an unsichtbaren Marionettenfäden in der Luft. Plötzlich setzte sie sich auf meine Stirn. Ich hatte nie etwas gespürt, wenn mich die Ärzte mit ihren Nadeln stachen, oder die Schwestern und Pfleger beim Waschen berührten. Doch jetzt spürte ich die Beine dieses kleinen Tieres auf meiner Stirn. Jedes ihrer verflucht kleinen sechs Beine. Plötzlich kam Ayse hektisch in meine Kabine zurückgestürmt: »Oh, ich vergessen Fenster. Muss zu machen.« Ich rief ihren Namen. Sie drehte sich zu mir um. Hatte mich natürlich nicht gehört. Dennoch geschah etwas. Entsetzen zeichnete sich augenblicklich in ihr rundes Gesicht. »Iiiiii!«, schrie sie und schien sich zu ekeln. Sie kam an mein Bett und schlug energisch nach der Motte, die jedoch längst von meiner Stirn geflüchtet war und wieder wie ein kleines Püppchen in der Luft tanzte. Ayse versuchte vergeblich, mit einem Tuch dem Tier den Garaus zu machen. »Sie arme Mann. Sitzt ekelhaftes Tier auf Stirn. Werde Tier bestrafen.« Während ihres Racheakts schaute sie einmal kurz zu mir zum Bett. Plötzlich blieb sie wie angewurzelt stehen, senkte nur langsam das Tuch. Sie kam mit großen Augen näher an mein Gesicht, beobachtete mich von allen

Seiten. »Sie gucken können. Sie haben mich angeschaut! Sie mich verstehen?« Ehrlich gesagt, dachte ich mehr der Motte anstatt Ayse nachgeschaut zu haben, doch das war jetzt egal. Ayse überlegte, starrte mich dabei weiter an. »Wenn du hören. Dann schauen an Decke«, und ihre braunen Augen machten mir erwartungsvoll die Bewegung vor. Ich wünschte mir nichts Sehnlicheres, als dass meine Augen das Gleiche wie Ayses taten. Und noch während ich an mir zweifelte, ob es mir gelungen war, zerriss Ayses Trällern, jegliche Bedenken: »Mann kann gucken. Doktor kommen, Doktor kommen schnell!« und wild mit den Händen in der Luft fuchtelnd, mit all ihrem orientalischen Temperament, überfiel sie das Schwesternzimmer. Wenige Minuten später umstellten alle Ärzte mein Bett. Sie stellten verwundert Pupillenreaktionen fest. Ayse drängte sich durch die Schar der Weißkittel bis an mein Bett: »Mann kann auch verstehen.« Und bevor man sie wieder von meinem Bett wegzerren konnte, demonstrierten wir beide dem staunenden Publikum unser eben erst erlerntes Kunststück. Ayse drehte sich zu den Doktoren und lachte bis über beide Ohren »Mann im Kopf da!« Natürlich zweifelten sie an der Diagnose eines Laien und ich musste auf etliche Fragen der Ärzte mit dem Rollen meiner Augen antworten, bis mir die Augäpfel, die ich wie alles an mir, langsam wieder zu spüren begann, von der ganzen Dreherei zu schmerzen begannen. Die Ärzte waren fassungslos, sprachen von dem viel zitierten, doch schwer zu definierendem Wunder. Zu ihrer Überraschung waren laut einer Computertomografie meine irreversiblen Hirnödeme doch reversibel und bereits auf zwei Drittel geschrumpft.

Mein linkes Bein und meine linke Hand kann ich heute nur noch schwer bewegen. Meine Sprache ist verwaschen und ab und an sage ich Hund und meine aber Stuhl. Ich lebe im Rollstuhl. Es ist nicht einfach. Aber ich kann mich bemerkbar machen und meine Frau und ich reden, so viel wie wir noch nie geredet haben. Ich interessiere mich für Schmetterlinge – sehr sensible Tiere. Aus Prinzip schlage ich heute noch nicht mal mehr nach einer Mücke.

Wortlose Heimfahrt
Beate Finkenzeller

Ein »Vierer« – ein Platz mit Tisch – das, was jeder gerne im Zug ergattern möchte – sie beide hatten es geschafft. Herr und Frau K. nahmen die Fensterplätze ein und saßen sich nun gegenüber, wobei sie die beiden Sitzplätze neben sich mit etlichen Taschen und Tüten belegten, damit möglichst niemand auf die Idee käme, sich dort niederlassen zu wollen. Herr K. stand kurz darauf noch einmal auf und ging zum Gepäck, das er gerade eben, ganz Mann, gleich hinter der mit einem leichten Schmatzen automatisch schließenden Zwischentür auf die mittlere Gitterablage gewuchtet hatte. Resolut zog er aus einer Seitentasche seines Koffers eines dieser großen, schweren Kettenschlösser heraus und zurrte damit beide Gepäckstücke zusammen, die gerade noch unschuldig und unscheinbar auf der Ablage geruht hatten. Jetzt prangte, plastikblau glänzend, das Schloss an den mattschwarzen Griffen der Koffer und trotzte jedem wirklichen und scheinbaren Dieb. Zufrieden kehrte Herr K. zu seinem Platz zurück.

Nun war es überstanden. Der Sohn und die Schwiegertochter hatten sie noch zum Bahnhof gebracht, und ihnen zugewinkt. Erschöpfung und Erleichterung hatten in allen vier Gesichtern gestanden.

Es war ein anstrengender Besuch gewesen. Nun waren Herr K und seine Frau wieder auf dem Weg zurück nach Hause. Es war das erste Weihnachtsfest, das sie bei ihrem Sohn und seiner neuen Frau verbracht hatten. Besonders Frau K. war es auch jetzt immer noch unverständlich, dass er damals, vor einigen Jahren aus seiner schönen Wohnung in ihrer Stadt in den Osten umgezogen war. Und dann hatte er ihnen schon nach wenigen Monaten diese Frau präsentiert, die doch so gar nicht zu ihm passte! Die nächsten Jahre konnte Frau K. noch mit stoischer Haltung die alljährliche weihnachtliche Reise des Sohnes von Osten nach Norden durchsetzen. Einmal kam sogar die neue Frau mit zu ihnen, aber schon im darauf folgenden Jahr hatte sie ausrichten lassen, sie müsse ihre eigenen Eltern besuchen. Eine genauere Begründung dafür war sie bis heute schuldig geblieben. Aber es war Frau K. gar nicht so unrecht gewesen, denn ihr genügte es, Weihnachten mit ihrem Jungen zu verbringen. Nun, dieses Jahr sollte alles anders sein und ausgerechnet Herr K., ihr Mann, hatte mit großer Geduld auf sie eingeredet, dem Wunsch ihres Sohnes nachzukommen und sich auf den Weg zu ihm zu machen. Frau K.'s Unterlippe schob sich bei dem Gedanken daran ein klein wenig nach vorne und ihr Blick ging weit nach draußen in die vorübergleitende Landschaft, ohne viel davon wahrzunehmen.

In den vergangenen zwei Tagen war genug Sinnloses gesprochen worden und so hingen Herr und Frau K. ihren Gedanken nach, während sie zum Fenster hinaus sahen.

Später waren sie vertieft in die Lektüre ihrer Zeitungen und Zeitschriften. Die waren mitgereist von Nord nach Ost und wieder zurück. Beide hatten sie gewusst, dass sie sie brauchen werden; nichts entspannte sie mehr als dieses Versinken in den nichtssagenden Nachrichten der Welt. Schlimme Geschichten eines verhungerten Kindes aus ihrer Heimatstadt ließen sie wohlig erschauern. Die Stadt war groß genug, dass jede Grausamkeit, die sich in ihr ereignete und danach zweifelhaften Zeitungsruhm erlangte, doch auch immer weit genug entfernt von einem selbst war. Mit einem kleinen Seufzer griff Frau K. zu neuer leichter Lektüre, »Die schöne Frau« oder »Das Platin Blatt«, die Wahl fiel ihr nicht ganz leicht. Auch Herr K. widmete sich bald seiner eigentlichen Lieblingsbeschäftigung: Er begann Artikel auszureißen, die er danach sorgsam zusammenfaltete. Zuhause würde er sie alle sortieren und in die bereitstehenden Kartons einordnen. Hier im Zug aber wusste er zunächst nicht, wohin mit seiner Ausbeute, da schon alle Winkel in ihr beider kleinem Reich belegt waren. So schob er sie schließlich von der Innenseite unter seinen linken Oberschenkel. Das war doch der beste Ort, den er finden konnte: im sicheren Hafen seines Körpers. Zufrieden schmatzte er jedes Mal mit den Lippen, wenn er beim Verstauen der Beute seine angenehm kühlen Hoden leicht berührte.

Noch viele Male war das »Ratsch« des zerreißenden Zeitungspapiers zu hören – riss es nicht noch williger als manch anderes Zeitungspapier, war es nicht noch windiger als fast jedes andere?

Herr K. beschäftigte sich akribisch mit seinem Hobby, bis er von seiner Frau unterbrochen wurde. Sie kramte eine kleine Schere aus der Tiefe ihrer Handtasche und ließ sie über die sanfte Schräge der Zeitung direkt zu ihm heruntergleiten. Sein Schnauben allerdings beantwortete ihre Geste abschlägig und er reichte ihr die Schere zurück. Ohne weiteres Murren steckte sie ihre Gabe wieder ein.

Dieses stumme Spiel wiederholte sich kurz darauf in umgekehrten Rollen in folgender Weise: Herr K. gab seiner Frau einen kleinen Ausriss, der ihm genau passend für sie schien. Er legte ihn als Aufforderung wortlos auf die Zeitschrift, die sie gerade las.

Der Zug fuhr langsam in einen Bahnhof ein. Es war die vorletzte Station vor ihrer Ankunft. Frau K.s Hand fuhr leicht über das Papier, ein vager Blick streifte den kleinen Bericht, und für einen kurzen Augenblick war es nicht eindeutig, ob sie seinen Wink annehmen würde; dann legte sie das Blatt beiseite, penibel gefaltet auf einen der Stapel weiterer Lektüre. Vielleicht, ja, würde sie es später noch lesen.

Die Nacht war längst angebrochen und schweigend wurde die Fahrt fortgesetzt. Das leise Rauschen des Zuges im gleichmäßigen Rhythmus der vorbeiziehenden Strommasten einte die Herzschläge aller Reisenden.

Liebe in jeder Beziehung
Hilda Roeder

»Ommi … Ommiii … Ommiiiiiiiiii!«
Laut und energisch schallt es durch die Schlafzimmerwand:
»Ommiiiiiiii … aufteh'n!«
Ich schrecke aus meinem Tiefschlaf hoch. Muss mich erst mal besinnen. Ach ja, unser Enkelkind ist zu Besuch. Das süßeste und liebste Enkelchen der Welt! Und es ist gerade mal 20 Monate alt.
»Ommiiiii … tommen!«
»Ja, Kilian, Omi kommt gleich.«
Langsam schäle ich mich aus meinem Traum und versuche wach zu werden. Wenn ich noch ein bisschen warte, wer weiß, vielleicht schläft er wieder ein?
»Ommi!«
Es hat keinen Zweck, ich muss raus. Opa zieht seine Bettdecke über den Kopf und kuschelt sich noch mal warm ein. Was für ein Glück für ihn, dass er ein bisschen taub ist.
Ich sortiere erstmal meine bleiernen Glieder und torkele langsam ins Kinderzimmer – gleich nebenan.
»Guten Morgen, mein Schatz. Hast du gut geschlafen?« Rollladen hoch, Küsschen, streicheln, lächeln. Alles läuft wie in Trance.
Der kleine Quälgeist steht aufrecht in seinem Bettchen. Alle Stofftiere fest im Arm: Leo, der Löwe; Mimi, die Löwin; Bär, der Bär; Pagei, der Papagei und noch drei andere.
»Komm kleiner Mann, Omi macht dir den Reißverschluss vom Schlafsack auf, dann kannst du noch ein bisschen zu Omi und Opa ins Bett.«
»Tiere auch mit.«
»Na klar doch.«
Ich trage die vierzehn Kilo Kind plus Zoo mit Müh' und Not ins

große Ehebett und lege das ganze Glück zwischen uns.

»Mijch, Ommi – Kijan Mijch!«

»Ja, gleich Kilian. Omi muss sie erst noch warm machen.«

Ich stolpere müde in die Küche, um die Flasche mit Milch zu holen. Kilian wartet voller Ungeduld. Wenige Minuten später bin ich zurück. Er streckt gierig die Händchen aus und steckt den Sauger in den Mund. Ah, endlich! Milch!

Ich kuschele mich an ihn und mache die Augen zu. Noch ein wenig schlafen, das wäre schön. Und wer weiß, vielleicht schläft er noch mal ein!

»Fettig!« Nach drei Minuten reicht er mir die leere Flasche. Ich nehme sie und stelle sie weg.

Oh, da fällt mir ein: Seine Mama hat mich gewarnt, dass die schon übervolle Nachtwindel komplett auslaufen kann, wenn Kilian die Milch getrunken hat.

Also – ich wieder aus dem Bett – frische Pampers holen.

»Komm, Liebes, Omi macht dir eine frische Windel.«

»Ommi Haare kuscheln!«

Ja ja, ich weiß schon. Er will in meinen Haaren kribbeln. Ist er doch noch ein bisschen müde, der Schatz? Ich bekomme Hoffnung!

Wie ein Prinzchen liegt er in meinem Bett und lässt sich die Windeln wechseln, während seine Fingerchen in meinem Haar wühlen.

Könnt ihr euch vorstellen, wie das aussieht?

Ich – über ihm kniend, nach vorne gebeugt – verrenke und verdrehe mich, um die Windel ordentlich anzulegen. Ich versuche alles, was mir möglich ist, damit er in meinen Haaren wuscheln kann und hoffentlich schläfrig bleibt! Oh, mein armes Kreuz!

»So, fertig! Jetzt schlafen wir noch ein bisschen, gell? Leo, Mimi und die anderen Tiere sind noch müde.«

»Tiere nicht müde! Kijan pielen!«

»Es ist noch viel zu früh zum Spielen, Kilian. Schlaf noch ein bisschen.«

»Nein! Kijan nicht schlafen – pielen!«

»Aber Opa und Omi sind noch sehr müde. Sollen wir noch ein bisschen Haare kuscheln?«

Er beschließt, nicht mehr mit mir zu diskutieren. Stellt sich auf mein Kopfkissen und knipst das Licht am Schalter über unseren Köpfen an:
»Ommi aufteh'n – pielen!«
»Hier hast du den Wecker zum Spielen. Schau mal, einen schönen grünen. Da drüben bei Opa steht der blaue.«

Das hätte ich nicht sagen dürfen!
Er krabbelt aus dem Bett, wackelt zu Opas Seite, holt den Wecker vom Nachtschränkchen und drückt ihn auf Opas Gesicht.
»Opa! Da! Uhr! Piep-piep machen!«
Opa öffnet schlaftrunken ein Auge: »Okay, warte.« Er dreht an den Zeigern – bis der Wecker Alarm piept.
Kilian rennt zurück zu mir – den anderen Wecker in der Hand.
»Ommi! Piep-piep machen!«
Auch ich schaffe es, mit letzter Kraft und halb blind ohne Brille, den Wecker zu alarmieren.
Und da liegen wir nun – jeder mit seinem Wecker auf dem Bauch. Sie piepen in stereo laut und aufdringlich!
Kilian lacht. Er steht am Fußende des großen Bettes und schaut zufrieden auf seine Großeltern.
Sein kleines Gesichtchen grinst von einem Ohr zum anderen. Geschafft!

Der Tag kann beginnen – es ist Viertel nach Sechs!

Sauerbraten mit Knödel
Andreas Ballnus

Sie saßen einander schräg gegenüber. Ein Ehepaar, beide Ende fünfzig, Urlauber wie ich.

Es war Sonntag. Trotz des wunderbaren Wetters hatten sich bisher nur wenige Wanderer auf der Terrasse des Ausflugslokals eingefunden. Von ihrem Platz aus konnten sie weit in die Ferne bis zu den Alpen schauen. Doch sie nutzten diese Möglichkeit nicht, sondern schauten aneinander vorbei ins Leere.

Er bestellte für beide. Und er bestellte für beide das gleiche. Dann schwiegen sie. Schon vorher hatten sie kaum ein Wort miteinander gewechselt. So saßen sie da, starrten aneinander vorbei und wechselten kein Wort, bis das Essen kam. Sauerbraten mit Knödel, böhmischer Art, dazu tranken sie Apfelschorle.

Schweigend aßen sie ihre Mahlzeit. Eine kurze Bemerkung über das Essen. Es schmeckte ihnen, obwohl es anders war als gewohnt. Dann schwiegen sie weiter.

Eine unerträgliche Schwere lag in jenen Momenten auf dieser Terrasse und ließ die angenehme Sommerluft immer schwüler werden. Ich zahlte und ging.

»Daheim wird man wahrscheinlich von einer harmonischen Ehe sprechen«, dachte ich noch, bevor ich die Terrasse verließ und meine Wanderung fortsetzte.

Die Traumfrau
Gabriele Steininger

Was für Frauen Schuhe sind, sind für Männer wie mich Krawatten, so lustig bunte, handgemalte Seidenkrawatten. Die im Schaufenster entsprachen genau meiner Vorstellung: Vor herrlicher Abendstimmung, mit viel Rot, entfaltete eine Palme ihre ganze Schönheit. Am besten gefiel mir der Puma, der gerade zum Sprung ansetzte ...

In dem kleinen Laden herrschte, im Vergleich zum sonnenhellen Nachmittag, schummriges Licht. Ich konnte die Verkäuferin, die sich sofort auf mich stürzte, gar nicht richtig sehen. Aber ihre freundliche Stimme gefiel mir. Ihre Gegenwart löste in mir ein wohliges Gefühl aus. Als sie mir nach wenigen Minuten den Puma zeigte und meinte, dass er gut zu mir passen würde, hatten sich meine Augen an das künstliche Licht gewöhnt. Endlich konnte ich ihr Gesicht erkennen. Wie weiße Perlen leuchteten ihre Zähne zwischen den rot geschminkten Lippen. Unter dunklen Wimpern entdeckte ich blaue Augen, vor die immer wieder eine lustige, brünette Locke fiel. Gekonnt streifte sie die mit ihrem Unterarm auf die Seite.

Zwei Tage später, als ich meinen neuen Schlips ausführte, stand genau diese Frau, die mich seither im Traum verfolgt hatte, in der Disco. Übermütig bewunderte sie meinen guten Geschmack und wollte mit mir tanzen. »Ich heiße Marie, und du?«, fragte sie mich. Noch nie war ich einem solch unkomplizierten Mädchen begegnet. Wir verliebten uns unsäglich. Es folgte eine herrliche, unbeschwerte Zeit. Alle meine Freunde beneideten mich um diese Frau. Arthur versuchte sogar, sie mir auszuspannen, hatte aber keinen Erfolg.

* * *

Als Marie nach einem Jahr schwanger wurde, schnappte ich vor Glück fast über. Nun konnte sie meinen Heiratsantrag nicht mehr ablehnen. Bisher hatte sie sich immer herausgeredet. »Wir haben doch noch so viel Zeit«, sagte sie stets und: »Wir sind doch noch so jung«. Dabei war ich schon 22.

An ihrem 21. Geburtstag heirateten wir. Obwohl sie gerne ganz viele Freunde eingeladen hätte, feierten wir in kleinem Rahmen, nur mit unseren Eltern und Geschwistern. Schließlich kostet so ein Fest eine Menge Geld und das brauchten wir viel dringender, um Möbel für die Wohnung zu kaufen. Zwar verdiente ich als Bankangestellter nicht schlecht und hätte auch einen günstigen Kredit bekommen – aber man weiß ja, wo zu viele Schulden hin führen. Wir wollten ordentlich leben und richteten unsere Dreizimmerwohnung entsprechend ein. Den Schlafzimmermöbeln sah man das Sonderangebot nicht an.

»Wenn sie sie pfleglich behandeln, halten sie mindestens 15 Jahre«, hatte uns der Verkäufer versprochen. Marie hätte zwar ihr gespartes Geld gerne in teurere Möbel investiert, aber ich konnte sie überzeugen, es auf der Bausparkasse anzulegen. Die Sitzgruppe für das Wohnzimmer bekamen wir von meiner Schwester, die sich sowieso neue Polstermöbel kaufen wollte und den passenden Schrank schenkten uns meine Eltern. Auch mit der Küche hatten wir Glück: Die konnten wir billig vom Vormieter ablösen.

Innerhalb kurzer Zeit hatten wir ein richtig schnuckeliges Heim geschaffen, in dem wir uns rundum wohlfühlten.

Als Maries Bauch nicht mehr zu übersehen war, bat ich ihren Frauenarzt, sie krank zu schreiben. Das Stehen fiel ihr so schwer. Vor Erschöpfung konnte sie sich abends kaum noch zum Kochen aufraffen. Und zum Essen wollte ich nicht gehen, denn das wäre zu teuer geworden. Außerdem wollte ich den Leuten keinen Anlass geben, über ihren dicken Bauch zu spotten.

Sie schien vor Spott keine Angst zu haben. Während ich arbeitete, lief sie durch die Stadt und besorgte Vorhänge für das Kinderzimmer, bestellte ein Kinderbett und eine Wickelkommode. Mit Babywäsche, die sie der Schwester einer Freundin preisgünstig abgekauft hatte, füllte sie die Schubladen und Fächer. Diese kleinen Sachen waren ja allerliebst, aber eigentlich hätten wir nicht so viel gebraucht. Wofür hatten wir denn eine Waschmaschine?

Unser Sohn war mit Abstand das schönste Kind auf der Säuglingsstation. Wenn er schrie, bekam er einen knallroten Kopf. Aber wenn ich ihm den, in Honig getauchten, Schnuller gab, war er ganz zufrieden. Marie weniger, denn sie befürchtete Schäden für seine nicht vorhandenen Zähne. Vom ersten Tag an konnte ich mich mit Fritzchen unterhalten. Er lauschte mir mit großen Augen. Manchmal antwortete er – in einer für mich unverständlichen Sprache.

* * *

Marie hatte sich in der Klinik mit einer Frau angefreundet. Die gefiel mir gar nicht, denn sie benahm sich wie eine richtige Emanze. Marie besuchte sie und ihren Nachwuchs regelmäßig. »Damit sich unser Baby rechtzeitig an andere Kinder gewöhnt«, sagte sie immer zu mir.

Dabei war Fritzchen so schlau. Der brauchte keine anderen Kinder. Als er zehn Monate alt war, begann er zu laufen. Die fette Olga von Maries Freundin rollte sich dagegen nur von einer Seite auf die andere. Marie störte das nicht. Sie kam von diesen Besuchen abends immer später zurück, manchmal erst zusammen mit mir.

»Fritzchen macht so viel Arbeit«, erklärte sie mir und strich uns nur Butterbrote, obwohl ich noch nichts Warmes gegessen hatte. »Du kannst mittags in der Kantine essen«, sagte sie. Aber das Essen in der Kantine schmeckte nicht. Deswegen fuhr ich nach der Arbeit erst noch zu Mutter. Bei der gab es etwas Richtiges zu essen.

Wenn ich heimkam, drückte mir Marie unseren Sohn in den Arm.

»Spiel du doch auch mal mit ihm«, herrschte sie mich an. Doch Fritzchen warf jeden Turm um, den ich ihm baute. Er war ziemlich aufsässig.

»So geht das nicht«, versuchte ich ihm klarzumachen. Doch er schrie nur wie am Spieß. Bis Marie kam und ihn ins Bett brachte. Sie erzählte ihm lange Geschichten und sang Schlaflieder. Bei mir war sie dann müde. Unsere Zärtlichkeiten wurden immer seltener.

Trotzdem meldete sich ein neues Baby an. Endlich blieb Marie mehr zu Hause. Sie kümmerte sich sorgfältiger denn je um den

Haushalt und das Essen. Ich kam wieder richtig gerne heim. Die Wohnung glänzte, und meine Frau entwickelte sich zu einer perfekten Köchin, die meiner Mutter in nichts nachstand.

Abends, wenn Fritzchen schlief, kuschelten wir vor dem Fernseher. Und am Wochenende besuchten wir mit unserem neuen Auto die Verwandten, gingen in den Zoo oder in den Botanischen Garten. Ich glaube, das war unsere glücklichste Zeit.

Das Mädchen, das unsere Familie vervollständigte, sah von Anfang an aus wie Marie. Deshalb bekam sie auch den Namen der Mutter. Wenn Mariechen gestillt wurde, spielte ich mit Fritzchen. Inzwischen steckte er schon geschickt Legosteine aufeinander und redete wie ein Buch. Er interessierte sich für alles und kannte mit drei Jahren jede Automarke. Es wurde Zeit, dass er in den Kindergarten kam.

Dort traf Marie die Freundin mit der dicken Olga wieder. Und abermals verbrachten sie viele Nachmittage zusammen.

* * *

Eines Abends waren meine Frau und meine Kinder nicht zu Hause, als ich heimkam. Dabei war ich immer pünktlich. Ich suchte überall nach ihnen. Es war schon fast dunkel, als ich die drei endlich am Spielplatz fand.

»Warum bist du nicht zu Hause?«, wollte ich von Marie wissen.

Doch sie gab nur zur Antwort: »Lass uns gehen.«

Daheim stellte ich sie zur Rede.

»Sag mir endlich, warum du dich so spät noch rumtreibst«, schrie ich sie an. Ich war so verletzt und wütend auf sie.

Doch sie blieb ganz cool.

»Ich habe doch wohl noch das Recht auf ein wenig eigenes Leben! Was ist schon dabei, wenn ich mich mit Freundinnen unterhalte?«

»Reicht dir unsere Familie nicht?«, fragte ich sie.

»Nein«, gab sie zu, »ich will auch mit Leuten zusammenkommen, die meine Probleme verstehen.«

Probleme? Marie hatte Probleme?

»Warum hast du mir nie davon erzählt?«

»Weil du eines davon bist!«

Ich verstand die Welt nicht mehr. Da schuftete ich tagein, tagaus für meine Familie. Damit es ihr gut ging, hielt ich jeden Pfennig zusammen. Gerade an diesem Tag war mir ein Grundstück am Stadtrand angeboten worden. Ich wollte es kaufen, um möglichst bald zu bauen. Und da warf mir meine Frau vor, ich sei ein Problem!

»Du nimmst mir die Luft zum Atmen«, giftete sie mich an, drehte sich um und richtete das Essen. An diesem Abend spielten die Kinder verrückt. Sie konnten die dicke Luft zwischen uns nicht ertragen. Fritzchen, der sonst immer so lieb zu seiner kleinen Schwester war, nahm ihr jedes Spielzeug aus der Hand. Worauf Mariechen in lautes Protestgeschrei ausbrach. Es war kaum möglich, die Kinder zu bändigen. Als mir die Hand ausrutschte, ging Marie zwischen die Kinder und mich.

»Lass deinen Frust doch nicht an den unschuldigen Kindern aus«, herrschte sie mich an und tröstete die Kleinen. Mich beachtete sie den ganzen Abend nicht mehr.

Der nächste Tag war ein Freitag. Es ging mir sehr schlecht in der Arbeit. Ich hatte mit Marie nicht über den Grundstückskauf gesprochen. Mein Chef drängte aber zu einer schnellen Entscheidung. Was blieb mir anderes übrig, als den Kaufvertrag ohne Maries Einwilligung zu unterschreiben?

Am Wochenende fuhren wir hinaus. Ich zeigte Marie das Grundstück.

»Was hältst du davon, wenn wir hierher ziehen?«, fragte ich sie vorsichtig.

Ungläubig sah sie mich an.

»Hier willst du wohnen? Wo sich Fuchs und Hase ‚Gute Nacht' sagen?«

Während wir miteinander sprachen, marschierte unser Mariechen über die Wiese und pflückte Blumen. »Schön!«, rief sie ganz entzückt. Fritzchen türmte inzwischen im kleinen Bach Steine übereinander und staute das Wasser auf. Mit roten Backen kam er und holte uns zu seinem Damm.

Als Marie sah, wie wohl sich die Kinder fühlten, startete ich einen erneuten Versuch: »Unser Bausparer ist fast fällig, wollen wir dies Grundstück kaufen und bauen?«

»Meinst du nicht, dass es hier viel zu einsam ist?«, fragte sie zurück. »Ich möchte, wenn die Kinder größer sind, gerne wieder arbeiten. Das wird aber schwierig, wenn wir so weit draußen wohnen.«

Mir wurde ganz schwarz vor Augen. Meine Frau wollte arbeiten gehen! »Verdiene ich dir nicht genug?«

»Das ist es nicht. Ich brauche den Kontakt zu den Menschen, sonst gehe ich ein.«

Am Montag zog ich unter den spöttischen Augen meines Chefs den Kaufvertrag zurück. Die Worte »meine Frau unterschreibt nicht« verkniff ich mir. Es war so gemein, dass sie mich so lächerlich gemacht hatte. Unser Zusammenleben gestaltete sich immer schwieriger. Marie tat immer häufiger das, was sie für richtig hielt und hörte kaum noch auf mich.

»Du bist zu schwach«, urteilte meine Mutter, als ich ihr davon erzählte.

»Sie sind doch eine so schöne Familie«, sagte sie zu meinem Vater. Der wiederum ermunterte mich: »Du musst ihr nur zeigen, wer der Herr im Haus ist. Wenn sie nicht spurt, dann hau halt mal auf den Tisch.«

Doch damit hatte ich bei Marie keinen Erfolg. Manchmal beklagte sie sich: »Wir reden gar nicht mehr zusammen«. Wir schliefen auch nicht mehr zusammen. Immer wenn ich zu ihr kam, drehte sie sich um.

»Bei uns stimmt es doch vorne und hinten nicht mehr«, erklärte sie mir. »Am liebsten würde ich mich von dir trennen.«

»Hast du einen anderen?«

»Nein, das ist es nicht. Ich kann dich einfach nicht mehr riechen. Ich hasse deine kleinkarierte Art. Ich will nicht dein Eigentum sein. Ich will eigene Entscheidungen treffen. Ich will mehr lachen. Ich will auch wieder mal etwas unternehmen und nicht nur zu Hause rumsitzen.« Das war nicht mehr meine Marie. Was war nur in sie gefahren?

In dieser Nacht versuchte ich, auf der Couch im Wohnzimmer zu schlafen. Ich fand aber keine Ruhe. Ich wälzte mich von einer Seite auf die andere. Ich weinte um unsere große Liebe. Marie war das egal. Am nächsten Abend erkannte ich unser Schlafzimmer nicht wieder. Da war alles umgestellt.

»Wenn du ins Wohnzimmer ziehst, kann ich mir das Schlafzimmer ja so herrichten, dass ich mich darin wohlfühle«, argumentierte sie und kam nicht einmal zum Fernsehen.

Als ich nach ihr sah, fauchte sie mich an: »Ich lese!«

Ich nahm ihr das Buch weg. Begann sie zu küssen. Sie wehrte sich. Es war wirklich an der Zeit, ihr zu zeigen, wer stärker war. Sie erregte mich noch ebenso wie früher. Die blauen Augen funkelten mich an. Sie erinnerten mich an die Krawatte mit dem Puma. Ich fühlte mich wie ein Puma. Je mehr sie sich wehrte, desto mehr liebte ich sie. Um ihr unsere Anfänge ins Gedächtnis zu rufen, holte ich die Krawatte und zeigte sie ihr. Doch sie begann zu lachen: »Was soll das? Willst du noch ausgehen?«

Da legte ich ihr die Krawatte um den Hals. Ich zog, zog und zog. Bis sie mich nicht mehr verspottete. Dann ging ich in die Küche und trank ein kaltes Bier. Ich war ganz ausgetrocknet. Mir liefen die Schweißperlen von der Stirn. Die Knie zitterten.

Plötzlich wachte Mariechen auf und rief nach der Mami. Von mir ließ sie sich nicht trösten. Sie weinte so lange, bis Fritzchen aufstand und nach der Mami schaute.

»Mami, wach doch auf!« Sein Rufen wurde immer verzweifelter. Mir dröhnte der Kopf von dem Geschrei der Kinder. Ich legte Mariechen das Kissen auf das Gesicht, damit die Nachbarn nicht aufwachten. Als sie zu weinen aufhörte, stand Fritzchen vor ihrem Bett. Er sah mich mit großen Augen an. Die Augen erschreckten mich. Sie gehörten einem wild gewordenen Tier. Das verfolgte mich bis in die Küche. Es wollte mich anfallen. Ich nahm das größte Küchenmesser und wehrte mich.

Die ganze Küche war rot. Was sollte ich tun? Ich ging ins Bad. Im Arzneischrank fand ich Tabletten. Die schluckte ich.

* * *

Nach dem schrecklichen Albtraum bin ich hier im Krankenhaus wieder aufgewacht. Wo ist Marie? Wo sind die Kinder? Was wollen die fremden Leute von mir?

»Marie! Fritzchen! Mariechen! Wo seid ihr? Helft mir!«

Mehr als eine Traumfrau
Hella Scharfenberg

Er sucht sich die Stillen
der nächtlichen Schönen,
die keinem gehören.
Die Wünsche erfüllen,
mit sanftestem Stöhnen
die Sinne betören,
sich schweigend enthüllen,
ihn lautlos verwöhnen,
ihm alles gewähren.
Auf obige Weise
– dezent und sehr leise –
sein Feindbild zerstören.

Bett-Beziehungen
Johannes Harstick

Man sagte mir, ich solle etwas über »Beziehungen« schreiben, und ich dachte sofort an Betten!

Sicher, das passiert den meisten Menschen früher oder später, wenn sie nur lange genug über dieses Thema nachdenken. Ist doch allein schon das klassische Ehebett, wahlweise mit oder ohne Besucherritze, die konzentrierteste aller Beziehungs-Manifestierungen. Ob nun im Guten oder im Bösen, um das Bett kommt keine wirkliche Beziehung herum, zumindest wenn es um die Liebe geht.

Aber halt! Bevor nun die Stimmen der Empörung auf mich losstürzen und mir die Erkenntnis ins chlorfreie literarische Ich-Gesicht schmettern, dass es ja wohl noch mehr außer Sex gibt und sowieso nicht alle Beziehungen etwas mit Liebe zu tun haben müssen, gebe ich Ihnen lieber gleich Recht. Ich dachte dabei auch gar nicht an Sex.

Mein erster Gedanke zu jener Thematik galt zwar der Bett-Beziehung, jedoch eher der im stofflichen, als der im körperlichen Sinne, wobei die erste der letzten bei gewisser Unachtsamkeit folgen sollte. »Das einzige, das folgen sollte, bin ich, und zwar diesem Text«, werden Sie nun sagen, weshalb ich mich etwas deutlicher ausdrücken möchte: Ich hörte das Wort »Beziehungen« und musste sofort an das Beziehen eines Bettes mit neuer Bettwäsche denken, also den Akt einer Beziehung oder eben auch mehrerer Beziehungen. Klingt merkwürdig? Fand ich zunächst auch, stellte jedoch bald darauf fest, dass sich bei näherer Betrachtung erstaunliche Gemeinsamkeiten zwischen der Beziehung im Bett und der Beziehung des Bettes ergeben.

Gehen wir dieses scheinbare Paradoxon zunächst aus der rein linguistischen Perspektive an. Das Wort »Beziehung« setzt sich aus drei Komponenten zusammen: Dem Präfix »Be-« dem Wortstamm »zieh« und dem Suffix »-ung«. Uns soll in diesem Fall nur der Stamm interessieren: »Zieh«. Im ursprünglichen semantischen Sinn beinhaltet dieser Begriff die Abstandsverringerung zwischen Objekt und Akteur, die durch den Einsatz von Energie vonseiten des ziehenden Akteurs erreicht wird, wobei ausschließlich das zu ziehende Objekt eine Wegstrecke zurücklegt. Sicher, diese Definition ist nicht dudenreif, doch ich nehme an, jeder weiß, was ich sagen möchte. Wendet man dies nun auf das Beziehen eines Bettes an, oder die Beziehung eines Bettes, ist die Sachlage eindeutig: Der Akteur, sprich die Person, die das Bett bezieht, verringert den Abstand zwischen sich und der Bettwäsche und umhüllt somit die Bettdecke, das Bettkissen oder die Matratze. Natürlich muss dieser Vorgang nicht auf eben solche Weise von statten gehen, doch wer würde schon von sich behaupten: »Ich habe gestern mein Bett bezerrt!«, oder, »So langsam müsste ich mal wieder mein Bett bedrücken!«

Komplizierter wird es, betrachtet man die Beziehung aus jener anderen Perspektive. Auch hier ist meine provisorische Definition durchaus anwendbar, zumindest wenn man einen Menschen als ein Objekt betrachtet, was er ja im strengen Sinn auch ist. Allerdings befindet sich nun die besagte Wegstrecke nicht mehr auf einer räumlichen, sondern eher einer emotionalen Ebene. Dies kann in vielfältiger Weise geschehen: Eine schöne Frau zieht einen Mann an – wobei hier das »zieht« nicht mit dem Sinn des Wortes »kleidet« verwechselt werden darf – oder die beiden Kumpels ziehen sich ein Bier rein, was ja durchaus auch im Bett vorkommen soll. »Wenn du dich nicht änderst, zieh ich aus!« Na, merken sie was?

Lassen Sie uns diesen Gedankengang fortführen und ein weiteres Beispiel aus dem Alltag untersuchen! Wie jeder unter Dreißigjährige, der halbwegs bei klarem Verstand und knapper Kasse ist, wohne auch ich noch bei meiner Mutter. Der Vorzug, den dieser Zustand bei entsprechender Erziehung der Mama seitens des Sprösslings bietet, ist der damit einhergehende Komfort. Dummerweise neigen viele Mütter dazu, ihren Söhnen ab einem gewissen Alter wenigstens einen Mindestgrad an Selbstständigkeit angedeihen zu lassen.

In meinem Fall äußert sich diese Übertragung von Selbstständigkeit unter anderem durch die Pflicht, mein Bett regelmäßig selbst zu beziehen. Ist diese Aufgabe dann allerdings nach bestem Wissen und Gewissen erfüllt und der mütterliche Blick fällt, selbstverständlich nur zufällig, auf das vollbrachte Werk, folgen zumeist aufgerissene Augen und Sätze wie: »Wofür haben wir dich eigentlich zum Bund geschickt?«

»Damit ich lerne, wie viel Alkohol ich vertrage!«, möchte ich erwidern, beherrsche mich jedoch, schließlich ist der Luxus im »Hotel Mama« ein zerbrechliches Gut, welches man nur sehr ungern durch dumme Bemerkungen riskiert. Es folgt die Korrektur durch die erfahrene Hausfrau: Hier wird ein wenig am Laken gezuppelt und dort noch einmal glatt gestrichen, bis alles endlich den strengen Anforderungen entspricht. Noch ein kurzes: »Wenn man nicht alles selber macht!«, und die Prozedur ist beendet. Und der Sohn? Er steht nur daneben, gedemütigt, schuldbewusst und flüstert: »Aber das ist doch meine Beziehung!« Das soeben geschilderte Verhalten vieler Mütter findet sich jedoch nicht nur bei der Beziehung eines Bettes, sondern auch bei besagter im Bett wieder.

Denken sie nur einmal an die Mutter, die ihren Sohn beiläufig darauf hinweist, dass er schon fünf Jahre verheiratet ist, sie sich jedoch immer noch nicht »Oma« nennen darf. Weitere beliebte Sätze sind: »Ich finde, ihr beide solltet bald mal zusammenziehen!«, oder, »Nimmt sie eigentlich die Pille oder was ist da los?« Wieder wird gezuppelt und geruckelt, wieder hat sie es lieber glatt als faltig, und wieder steht der Sohn daneben: »Aber das ist doch meine Beziehung!« Mütterliche Gewalt, ob in der Liebe oder auf dem Laken, ist in jedem Fall erbarmungslos.

Man sagte mir, ich solle etwas über »Beziehungen« schreiben, und ich dachte sofort an Betten, also die Beziehungen von Betten. Halten Sie dies nun immer noch für seltsam? Wenn nicht, muss ich Ihnen leider mitteilen, dass daraus keine Geschichte entstand. Was soll man auch schon groß über das Beziehen eines Bettes schreiben? Falls Sie sich jedoch weiterhin fragen, mit was für verqueren

Gedankengängen ich gerade ihre wertvolle Lesezeit verschwendet habe, widmen sie sich lieber den folgenden Geschichten dieses Buchs. Und wer weiß, vielleicht werden auch Sie dabei hin und wieder einmal denken: »Aber das ist doch meine Beziehung!«

Ithaka
Frank Paßhahn

Es bringt mich um,
dass ich der Sehnsucht
nicht entkommen kann.
Sie lastet auf mir
wie der Körper eines Drachen,
der mit deiner Stimme
leise nach mir ruft,
in einer Zeit,
die nicht vergeht.
Nur wenn wir zusammen sind
verrinnt sie in Schluchten,
zwischen Bergen widriger Umstände,
aufgetürmt um uns zu prüfen.

Jeder Raum dieser Wohnung
ist angefüllt mit dir.
Sorgsam
lese ich deine Haare vom Boden auf
und rieche vergeblich an deiner Wäsche,
deren Duft die Wärme fehlt.

Ich betrachte
Giorgiones schlafende Venus an der Wand
und sehe die Ähnlichkeit mit dir,
denke an die Eleganz deiner klassischen Schönheit,
vermisse deine bildreiche, klare Sprache
und die Wildheit deiner Lust.

Überall in dieser Stadt
war ich mit dir,
und kein Ort bleibt,
zu dem ich gehen kann.

Ich spüre deutlich meine Sterblichkeit.
Jedem Abschied
folgt ein Todeskampf
in umgekehrter Richtung,
denn ich bin schon begraben
und wachse durch den Grund
ins Licht.

Wir bluten und haben kaum Zeit,
die Wunden zu heilen,
auf der Flucht vor gut gemeintem Rat.
Es würde zeigen,
dass wir zueinander gehören!
Wir sollten dankbar sein,
dass wir uns gefunden haben!

Diese Sätze schlagen mir ins Gesicht.
Sie sind wahr, ich bin undankbar,
und das Mittelmeer ist eine Wüste,
in der sich der Rücken eines Drachens
als Insel erhebt.

Frühstück zu zweit
Jens Reimann

Aprikosengelee mag sie am liebsten. Mit kleinen Fruchtstücken, leicht gekühlt. Er stellt das Schälchen auf den Tisch, reibt sich vergnügt die Hände, freut sich auf ihr Gesicht.

Sein Blick gleitet über den Tisch. Zwei Gedecke, Butter, Gelee, Salami, der Brotkorb.

Die Vorfreude überkommt ihn erneut, sein Körper bebt ein wenig, wie bei einem kurzen Krampf.

Angewohnheit, denkt er. Schon als Dreikäsehoch hat es ihn geschüttelt, wenn ihn etwas berührte. Mutter konnte das nicht verstehen. Junge, freu dich mehr nach außen, nicht so nach innen.

Er hebt beschwichtigend die Hand. Reine Angewohnheit, nichts weiter.

Sein Blick erfasst eine Lücke auf dem Tisch. Die Haferflocken. Was ist los mit mir, denkt er. Ich werde vergesslich. Warum überhaupt alt werden, wofür ist das gut? Er weiß es nicht. Im Kopf bin ich jung, denkt er. Im Kopf könnte ich hundert Meter laufen wie früher. Die muskulösen Beine, wie sie auf die Aschenbahn trommelten. 'Ein Trommelwirbel', denkt er. Tack, tack, tack. Immer der schnellste. Hah! Wie ein Blitz. Im Kopf kann ich es noch. Im Kopf geht alles. Da sind die Haferflocken. Blütenzart, für ihren Magen. Vor dem Frühstück eine kleine Schale mit handwarm temperierter Milch. Beruhigt die Magenwände. Ein weiches Polster, hat sie glucksend erklärt. Und: Guck nicht so besorgt. Ich liebe dich, hat er leicht bebend gesagt und sie angesehen.

Du hast noch die gleichen Augen, wie mit zwanzig. Sie gluckst erneut. Kinderaugen, sagt sie. Gute Augen, denkt sie.

Ich liebe dich mehr als die Sonne, die Sterne und den Mond, bebt er und streicht ihr durch das Haar. Was du redest! Sie greift nach seiner Hand, hält sie an die Wange. Dabei lächelt sie.

Er taucht aus dem Tagtraum empor wie ein Korken aus dem Wasser, schüttelt verlegen den Kopf. Das passiert ihm häufig in letzter Zeit, dieses Versinken in den Erinnerungen. Seine Gedanken brechen ein auf dem dünnen Eis der Gegenwart. Ganz unbeabsichtigt. Einmal nicht aufgepasst und – schwupps, weg sind sie. Die Gedanken.

Der Kaffee. Jetzt hätte er beinahe den Kaffee vergessen. Behutsam zittert er ein wenig von dem heißen Getränk aus der Kanne in die Tassen hinein. Eine mit wenig, die andere mit viel Milch. Der reinste Milchkaffee. Na schön, so ist es gut. Der aromatische Geruch steigt in die Nase, belebend. Kaffee ist gut, denkt er. Kaffee ist der Klebstoff zwischen damals und heute. Irgendwie zumindest. Er weiß nicht genau warum, aber irgendwie ist es so. Kaffee als Klebstoff. Liegt wohl am Geruch, denkt er. Der gleiche Geruch.

Kleine Dampfkringel schwingen sich empor, um sich unter dem blassgelben Schirm der Küchenlampe zu einer großen, grauen Wolke zu vereinen. Die Brille beschlägt, als er das Gesicht zu nahe an die Wolke heranschiebt. Er ist neugierig, das war er sein Leben lang. Das Wesen der Dinge, ihr Rhythmus denkt er, die kleinen, unscheinbaren Dinge. Die man nicht mehr richtig wahrnimmt, weil sie so selbstverständlich scheinen. Dabei sind sie so fragil, so einmalig. Warum haben mich diese Kleinigkeiten immer berührt, überlegt er. Sie haben etwas tiefes, andächtiges, sind unbezahlbar. Er konzentriert sich. Nicht wieder einbrechen mit den Gedanken. Wo war ich? Ach ja, Regen beispielsweise, der bei Nordost gegen die Scheiben prasselt, an ihnen hinunterläuft, beständig neue Figuren und Muster bildend. Stundenlang kann er vor dem Fenster sitzen und zusehen, ab und zu von einem wohligen Beben durchzittert.

Sie beobachtet ihn dabei, ebenso ausdauernd, von Zeit zu Zeit lächelnd. Er lächelt auch. Schön, denkt er. Ist schön, sich so zu spüren, ohne Worte. Man wächst zusammen, im Laufe der Jahre. Liebe, denkt er. Ist die Liebe, die so was macht. Schlägt Wurzeln im anderen. Feste Wurzeln. Kann man nicht ausreißen. Absägen, aber nicht ausreißen.

Er überlegt, was es noch für Dinge gibt. Ja, was eigentlich? Ach so, die einfachen, unbezahlbaren Dinge, daran hatte er gedacht. Der

Wind, der die Kiefern vor dem Haus schüttelt und biegt. Immer wieder, jahrelang. Man hält eine Menge aus, nicht nur die Kiefern. Wenn man will. Oder muss. Meistens muss man. Häufiger, als das man will. Nutzt nichts. Geht weiter. Immer weiter. Ist so.

Er lächelt. Was war ich schnell, früher. Die Beine, wie sie auf die Bahn trommelten. Muskulöse Beine. Richtige Stahlfedern. Er lacht. 'Im Kopf', denkt er, 'bin ich schnell'.

Da trommele ich immer noch über die Aschenbahn. 'Tack, tack, tack, geht das', denkt er.

Die Hummeln. Die Hummeln, die träge durch das Blumenbeet kreiseln, in kleine, goldene Lichtkleckse getaucht. Die gehören dazu. Zu den Dingen. Den unscheinbaren aber unbezahlbaren, die Seele berührenden Dinge.

Abends vor dem Fernseher gluckst sie sich durch das Programm, während er hin und wieder zu ihr hinüberschaut, sich leicht bebend an ihrer verschmitzten Freude labt.

Nebeneinander auf der Couch, sie links, er rechts. Guck nach vorne, da ist der Fernseher. Er guckt nach vorn, sieht aus den Augenwinkeln, wie sie verstohlen zu ihm herüber schielt.

Dann schaut er nach links und sie wieder zum Fernseher. So pendeln sie sich durch den Abend. Durchs Leben haben wir uns so gependelt, denkt er. Wie zwei Teile eines Uhrwerkes. Perfekt aufeinander abgestimmt. Ihr Geruch, fällt ihm ein. 1943, in dem Café in Berlin-Prenzlau. Er hatte Fronturlaub, stand an der Kuchentheke, wollte sich was gönnen, an diesem warmen Tag im August, Blut und Tod vergessen, ein paar Minuten. Hatte sich ein Stück Apfelkuchen ausgeguckt. Apfelkuchen mit Sahne gegen den Tod. Das Wasser lief ihm im Mund zusammen. Wann hatte er das letzte Mal Apfelkuchen mit Sahne gegessen? Sie stand vor ihm, einen großen Hut mit breiter Krempe auf dem Kopf. Die blonden Haare hochgesteckt, ein paar blonde Strähnen hatten sich befreit, schlängelten sich über ihren Nacken, über den er sich beugte, bei der Auswahl des Stückes Apfelkuchens, welches das größte war und ihn somit am längsten von Blut und Tod befreien würde. Er nahm ihren Geruch wahr. Die äußere Erscheinung der Köder, der Geruch die Offenbarung, denkt er. Jede Haut besitzt ein eigenes Aroma, unverwechselbar. Bei ihr war es ein Hauch von Zimt und eine Ahnung von verheißungsvollem

Frühling. Blütenduft. Bin ein Nasenmensch, denkt er. Schon als Kind hat er an allem herumgerochen. Die Speisen abgeschnüffelt, die Wäsche, den schwarzen Neufundländer der Familie, schwer und muffig roch der. Der Geruch ist das Wesentliche. Ihr Duft hatte es ihm angetan, wie keiner davor oder danach. Genauso war's, flüstert er. Genauso.

Er fühlt den Krampf kommen, noch bevor dieser von seinem Fleisch Besitz ergriffen hat. Die Wade, rechtes Bein. Fuß fest aufgesetzt, Zehen nach oben. Glück gehabt! Vorsichtig schlurft er um den Tisch herum, ruft nach ihr.

Sie sitzen sich gegenüber, ihr Stuhl ein wenig in die Sonne gerückt. Es stört sie nicht, das gelegentliche Blinzeln. Sie liebt das Licht, die Wärme. Sie pendeln sich durch das Frühstück. Seine Hände ruhen auf der rot-weiß karierten, nach vielen, gemeinsamen Jahren duftenden Wachstuchdecke. Sie lächelt, spürt sein leichtes Beben. Ganz sicher spürt sie es, schaut doch immer in ihn hinein, bis auf den Grund. 'Mein Seismograf', denkt er.

Draußen zwitschern die Vögel den Himmel blau. Tschilp, tschilp, tschilp, schwebt es durch das geöffnete Fenster herein. Ein Windhauch bläht die Gardine auf, streichelt seine Wange.

Wieder einer dieser unbezahlbaren Augenblicke.

Was sind wir für Glückspilze, zwinkert er, während er in ihren ruhigen Blick eintaucht. Ein Blick wie ein windstilles Gewässer. Wie früher in die Ostsee, denkt er. Mit Anlauf, was für ein Anlauf. Was konnte ich anlaufen! Am Ende des Steges kurz innehaltend, federnd von den hölzernen Bohlen abstoßend, eintauchend in die kühle, belebende, alle Sinne streichelnde Wasserwelt.

Genau so federt er jetzt in das warme blau-grau ihres festen Blickes hinein, während das Beben in seinem Inneren fast behutsam anschwillt, bis es nichts mehr gemein hat, mit dem freudigen Beben aus Kindertagen, nur noch Schütteln und Krampfen ist. Er hält den Blick, fühlt sich angezogen von ihr. Seltsam, dass sich ihr Gesicht kaum verändert hat, in all den Jahren. Ist es vielleicht, weil er sie vom ersten Tag an so gesehen hat, wie sie wirklich war. Damals, in dem Café vor der Kuchentheke. Liegt am Geruch, denkt er. Der Geruch ist das Wichtigste, der Geruch lügt nicht. Niemals. Von daher haben die Jahre wohl nur den Kern freigelegt und an die

Oberfläche gebracht. Ganz allmählich. Er muss lachen. Kenne diesen Kern, denkt er. Habe ihn als Erster gesehen.

Er reibt sich erfreut die Hände, freilich nur in Gedanken, der Körper gehorcht nicht mehr. Wessen Körper ist das eigentlich, denkt er. Doch nicht seiner, fühlt sich nicht so an, fühlt sich gar nicht an.

Der Gesang der Vögel schwebt durch die Küche. Er stellt sich ihr buntes Gefieder vor, auf dem Fußboden liegend, stellt er sich ihr Gefieder vor.

Im Kopf bin ich jung, denkt er. Da könnte ich die hundert Meter laufen. Wie früher. Mit Beinen, die auf die Aschenbahn trommeln. Ein wahrer Trommelwirbel, tack, tack, tack.

Im Kopf geht alles.

Sie lächelt ihm zu, auffordernd. Das Beben ist verschwunden. Leichtfüßig springt er auf, ergreift ihre wartende Hand.

Ich liebe dich mehr als die Sonne, die Sterne und den Mond, sagt er und streicht ihr durch das nach Zimt und Frühling duftende Haar. Was du redest, entgegnet sie.

Und dann: Schön, dass du kommst. Ich habe auf dich gewartet.

Fünfzig Schritte
Carmen Mayer

Er erkannte sie sofort, als sie ihm inmitten der übrigen Fahrgäste auf dem Bahnsteig entgegen kam, fünfzig Schritte entfernt.

Wie früher hatte sie ein spitzbübisches Lächeln im Gesicht, ihre Haare waren immer noch frech und kurz geschnitten. Die Augen hatte sie mit einer modernen Sonnenbrille verdeckt, was er bedauerte, da er sich damals in diese Augen verliebt hatte. Braune, ausdrucksvolle, mit dichten, geschwungenen Wimpern umgebene Augen und einem golden schimmernden Kranz um die Pupillen. Wie eine Sonnen-Korona.

Ja, auch das sah er: dass sie ein ganzes Stück älter geworden war seit damals.

Das beruhigte ihn, denn er war inzwischen auch nicht mehr der Jüngste, und das Leben hatte Spuren in seinem Gesicht hinterlassen.

Sie war immer noch so schön.

In einer Lücke zwischen den übrigen Menschen fiel ihm auf, dass sie einen Hund neben sich führte, der sich aufmerksam umschaute.

Schnell ließ er einen Blick an sich hinunter gleiten und war zufrieden mit dem, was er sah.

Seine Hosen waren sauber, die Schuhe hatte er wie jeden Morgen frisch geputzt, ein weißer Hemdkragen lugte unter seinem dunkelbraunen Wollpullover hervor. So angezogen hatte sie ihn kennen gelernt und so hatte sie ihn immer gerne gesehen.

Es war zu seiner Uniform geworden.

Noch fünfundvierzig Schritte.

Er spürte, wie sein Herz bis zum Hals herauf schlug. Wie oft hatte er sich diese Szene vorgestellt, wie oft hatte er sich ausgemalt, wie es sein würde, wenn sie sich wieder sehen würden.

Er war lange schon darauf vorbereitet gewesen, und doch traf es ihn jetzt ganz tief innen drin.

Er zitterte, so aufgeregt war er, so sehr freute er sich darüber, dass seine Hoffnung sich erfüllen würde.

Gleich.

Noch vierzig Schritte.

Vergessen war der Augenblick, als sie ihm gesagt hatte, dass sie ihn verlasse, weil er einfach nicht mehr zu ihr und ihren Zukunftsplänen passe.

Vergessen war sein maßloses Entsetzen über die Kälte, mit der sie ihn abserviert hatte, blind für die Trümmer, die sie hinter sich gelassen hatte.

Vergessen die Worte, mit denen sie eine hässliche Fratze über das gemalt hatte, was er einmal gewesen war.

Vergessen die vielen Pillen, die er hatte schlucken müssen, damit seine Seele nicht wie ein gefangenes Tier in dem schwarzen Loch verendete, in das sie gefallen war.

Vergessen die Zeit in der Klinik, in der man versucht hatte, ihm einen Weg zurück ans Licht zu zeigen.

Vergessen die Zeit, die er wartend auf diesem Bahnhof verbracht hatte.

Vergessen die Auseinandersetzungen mit der Bahnpolizei und mit den anderen Nichtsesshaften, die ihn nicht haben wollten. Bis sie ihn schließlich doch geduldet hatten.

Er hatte immer fest daran geglaubt, sie hier zu treffen. Irgendwann.

Dass sie in dieser Stadt lebte, hatte er eines Tages im Internet entdeckt.

Aber er war nie in die Nähe ihrer Wohnung gegangen.

Hatte sie niemals angerufen.

Hatte sie nicht wieder gesehen.

Bis jetzt.

Noch fünfunddreißig Schritte.

Manchmal war ihm in den Sinn gekommen, von hier wegzugehen, in eine andere Stadt, zu einem anderen Bahnhof. Er hatte seinen Plan aber jedes Mal wieder aufgegeben, weil er den Augenblick nicht verpassen wollte, wenn sie hier auftauchte, ihm entgegen kam, ihn erkannte, und wenn er in ihren wunderschönen Augen lesen konnte, dass sie ihn nicht vergessen hatte.

Nur das. Mehr wollte er nicht von ihr.

Aufgeregt fuhr er sich mit der Zunge über die Lippen, schaute ein zweites Mal nach, ob er auch wirklich ordentlich aussah. Rasiert hatte er sich, gewaschen, die Haare gebürstet, wie an jedem anderen Morgen auch. Ha, die Haare! Inzwischen waren sie grau geworden und recht schütter. Deshalb trug er sie auch seit ein paar Jahren ziemlich kurz.

Sie würde ihn trotzdem erkennen, wie er sie ja auch sofort erkannt hatte.

Noch dreißig Schritte.

Schade, dass sie eine Sonnenbrille trug. Wie oft hatte er davon geträumt, ihre Augenlider zu küssen, seine Lippen von ihren Wimpern kitzeln zu lassen wie früher. Oder er hatte von ihrer Stimme geträumt, ihrem Lachen.

Ob sie noch so lachte wie damals?

Noch fünfundzwanzig Schritte.

Ein Blick von ihr, ein Wort, und die Narben auf seiner Seele würden endlich heilen und nicht mehr so schrecklich wehtun.

Sprich nur ein Wort, und meine Seele wird wieder gesund.

Woher nur kannte er diesen Satz?

Sprich nur ein Wort:

Verzeih.

Er würde ihr nichts davon sagen.

Er würde einfach nur sagen, dass er sich freue, sie wieder zu sehen.

Sie würde ihn verstehen.

Noch zwanzig Schritte.

Der Hund an ihrer Seite schaute kurz in seine Richtung.
Hunde hatte sie damals schon gemocht, wollte immer einen haben, daran erinnerte er sich jetzt.

Noch fünfzehn Schritte.

Gleich musste sie her sehen, ihn erkennen.
Jetzt war er nicht mehr so sicher, wie sie reagieren würde, wenn sie ihn entdeckte. Fast hätte er sich dafür geschämt, dass er sich damals nicht wieder gefangen und in seinem Beruf weiter gearbeitet hatte, und dass er jetzt so vor ihr stehen musste. Das war aber nicht mehr zu ändern.

Noch zehn Schritte.

Zum ersten Mal seit vielen Jahren spürte er etwas, das er längst vergessen glaubte: Liebe.
Großer Gott, er war tatsächlich noch fähig zu lieben!
Sich selbst.

Noch fünf Schritte.

Sie drehte den Kopf in seine Richtung.
Sein Herz blieb fast stehen.
Der Augenblick war gekommen, auf den er so lange gewartet hatte.

Vorbei.

Sie war an ihm vorbei gegangen.
Der Hund an ihrer Seite führte eine Blinde.

Marie
Klaus Ebner

Wenn Marie das Jausenpaket aushändigte, schlug sie die Augen auf, mit einem treuherzigen Blick, den sie ihrem Mann mitgeben, ja am besten gleich in den Ranzen dazupacken wollte, damit ihm, so dachte sie, ein winzig kleines Stück von ihr in den Schacht folgte. Der Ferdl pflegte dabei den Kopf zu senken, gleichwohl als ahnte er nichts von ihrer Sorge, ihrem Harren, ihrem Tunlichst-Wegschauen, das sie ablenkte von den Gedanken, die sich so schonungslos verselbständigten. Fragte sie ihn nach seinem Befinden, so murmelte er das gewohnte Allesbestens und tat im Übrigen, als hätte er gar nichts gesagt. Gemeinhin spielte sich die Abschiedsszene in der Stube des Hauses ab, im Beisein der Kinder; nur im Sommer, wenn schon die Morgenstunden zum Hinausgehen einluden, zum Einatmen, ja zum Einsaugen der frischen Luft, die vom steirischen Hochwald herunterwehte, dann, wenn die Sonnenstrahlen zeitig vor dem Aufstehen das ganze Tal in Besitz genommen hatten, stand der Ferdl mal auf dem Hof, um auf das Rauschen der Blätter zu horchen, mal auf der Straße, um auf die Kumpel zu warten, die ihn mitnahmen zur Zeche. An solchen Tagen lief Marie aus dem Haus, leichtfüßig und rasch, so als wollte sie die Flüchtigkeit des Moments überrumpeln, um ein paar Sekunden mehr ihr Eigen zu nennen, um ein paar Sekunden länger dem geliebten Mann in die Augen zu schauen, seine verhaltene Ruhe zu spüren und daran zu erinnern, wie es war, als sie noch unbeschwert von der Zukunft träumten.

Mit Ferdls Abfahrt begann das lange Warten. Die Stunden daheim, die Wege im Ort, die Besorgungen und die Kinder, das Kochen zu Mittag und der Tratsch am Zaun – nichts brachte sie davon ab, insgeheim dem Zeiger der Uhr zu folgen, Spuren der Ungeduld ins gedachte Zifferblatt zu kerben und jeden ihrer zögerlichen Schritte zu zählen. Indes war nur ein einziges Mal, im Gespräch mit der Mutter, unbedacht das Wörtchen Trostlosigkeit über ihre Lippen gerutscht.

Zeitungen kaufte Marie seit Ewigkeiten nicht mehr. Vielleicht hatte sie Angst, eine Gazette aufzuschlagen und von gefährdeten Gruben zu lesen, von einstürzenden Stollen und vom nachgebenden Ausbau. Von den Verzweifelten unten, die weg vom Bruch ein rettendes Gewölbe und eine Lutte suchen, und den Verzweifelten oben, die alles daran setzen, die Mine wieder begehbar zu machen und ihre Kameraden herauszuziehen. Marie schüttelte den Kopf, verscheuchte das Treibgut der Furcht und meinte, mit ihrer trübseligen Grübelei das Unglück noch selbst herbeizurufen. Wenn sie über den Dorfplatz ging, zum Einkauf oder zur Schule, dann warf sie einen Blick hinüber zur Kirche. Es war jedoch nicht ein Blick der Demut oder gar der Blick einer Gläubigen, denn das Vertrauen in das, was der Pfarrer von der Kanzel predigte, hatte ihr früh schon der Vater genommen, mit seinem Zweifel, seinem Elend und dem Schmerz. Fast bedrohlich wirkte dieser Blick, ein trotziger Seitenblick, als wollte sie sagen: Lass ihn ja in Ruhe, du! Die Faust ballte sie in der Schürze, im Verborgenen, denn sie wusste, dass niemand so dachte wie sie.

Warum ihr jeden Tag das Grubenunglück in den Sinn kam, hatte keine Geschichte. Zumindest keine besondere, denn Einstürze und Flutungen gehörten wohl noch immer zum Leben der Bergleute; sie flimmerten abendlich über die Fernsehschirme und ließen die Zuschauer an allen Tragödien teilhaben, auch wenn diese in weit entfernten Bergmassiven wie dem Ural oder den Appalachen stattfanden und gar erst an Orten, deren Namen sie nie zuvor gehört hatten und die so schwierig zu wiederholen waren. Eine Geschichte war nur jene, wo ein altes Mütterlein ihren Verlobten ausgrub, der, als junger Mann verschüttet, im Vitriolwasser der Tiefe fünfzig Jahre äußerlich unversehrt überdauert hatte – die Geschichte eines deutschen Romantikers, und doch fragte sich Marie, was daran denn Romantik sei.

Beim Mittagstisch zitterten ihre Hände und sie schob es auf die Anstrengung, auf das Heben des Kartoffelsacks und die Handarbeiten im Haus und im Garten. Dass irgendjemand von ihren

Ahnungen erfahren könnte, passte ihr überhaupt nicht, und so zog sie es vor, vom verräterischen Schauder ihres Leibes abzulenken wie auch sie ihre Gedanken von den dunklen Stollen ablenkte, die sie zudem niemals mit eigenen Augen gesehen hatte. Einmal, bei Glockengeläute zu völlig unüblicher Zeit, fiel Marie vor Schreck der Kochlöffel aus der Hand, und obwohl die Kinder mit vor Überraschung geöffneten Mündern am Tisch saßen, rannte sie hinaus, panisch und bibbernd, bloß um von den Nachbarn zu erfahren, dass eine Firma die Aufhängungen im Kirchturm überprüfte. Marie hatte nicht gewusst, dass es Unternehmen gab, die für derartige Aufträge bereitstanden.

Die Nachmittage zogen sich in die Länge. Aus der Schule zurück, spielten die Kinder draußen – sofern sie nicht über den Aufgaben saßen. Oft wurde es still im Haus, und Marie spürte, wie ihre Gedanken zu Bildern gerannen, zu Illustrationen, die aus einem der bunten Boulevardblätter stammen konnten, von denen sie bloß die Titelseiten in der Auslage beäugte. Die Gedanken drehten sich im Kreis, tänzelten immerzu um dieselbe Vision herum, spickten den Fluss ihrer Vorstellung mit Gegenständen, die ihr Mann täglich benutzte, mit Schlägeln, Schaufeln, Spitzeisen und elektrischen Abbauhämmern, den Stempeln der Abstützungen und schließlich den Gittertüren des Förderkorbs, der die Kumpel unter Tag brachte. Sie bemerkte, wie die Türen aufgingen und die Männer herausströmten, sie suchte in der Menge, forschte in den Gesichtern und spähte nach ihrem Gemahl, den sie jedoch nicht fand. Mit erstickter Stimme fragte sie nach dem Reviersteiger, doch niemand gab eine Antwort. Und dann plötzlich, dann sah sie den Ferdl in einem Grubenhund sitzen, sah, wie er die Hände, das erloschene Geleucht betastend, über den Kopf legte und den Mund aufriss, wie er kreischte, jawohl, kreischte, obwohl kein einziger Laut zu ihr drang, wegen des ohrenbetäubenden Getöses, das die rundherum berstenden Betonpfeiler verursachten. Er rollte in den Stollen hinein, im Hunt sitzend, immer tiefer, immer schneller, bis sie ihn aus den Augen verlor. Marie schrie auf, hielt sich taumelnd an der Kredenz fest, atmete unstet und tappte zum nächsten Stuhl, setzte sich und verblieb, bis sie die Beherrschung über ihren Körper wiedergewann. Natürlich erzählte sie niemandem davon, aber mit jedem Tag vermeinte sie ein kleines Stück ihrer Stärke zu verlieren, an unheimliche Schatten, die, wenn sie allein war, dünne Finger nach ihr ausstreckten.

Am späten Nachmittag fuhren die Bergleute wieder aus, kamen aus der Kaue, verteilten sich flugs und verstreuten sich über den Ort, mit Hilfe von Mopeds, Fahrrädern oder zu Fuß. Marie wusste, dass der Ferdl zumeist von den Kollegen im Auto mitgenommen wurde. Für gewöhnlich hantierte sie in der Küche oder im Garten, wenn auf der Straße ein Wagen anhielt. Türenschlagen, ein paar Grußworte, manchmal heiteres, gelöstes Lachen. Noch bevor das Gartentor aufsprang, liefen die Kinder ihrem Vater johlend entgegen, hängten sich dann an seine Arme und ließen nicht locker, bis er sich bückte und die drei Knirpse in die Arme schloss.

Marie machte inzwischen fertig, was schon bereitstand. Nachdem sich Ferdl die Hände gewaschen, saß die Familie zu Tisch. Stets teilte Marie aus, füllte zuerst den Teller ihres Mannes, dann die der Kinder. Mehr nebenbei und ohne den Blick von der Fleischbrühe zu heben fragte sie, wie es gelaufen sei, und als er, beinah unhörbar, sein Allesbestens murmelte und die Suppe zu löffeln begann, lehnte sie sich zurück und genoss es, ihre Sprösslinge und den Gemahl beim Schmatzen und Schlucken zu beobachten. So begann sie selbst immer ein wenig später zu essen als die andern, doch am Ende holte sie alle ein, sodass die Teller gleichzeitig leer wurden und das Löffelschlagen auf dem Porzellan mit einem Mal endete. Marie stand auf, sammelte das Geschirr ein und trug es zur Spüle, wo sie es behutsam abstellte und für einen Wimpernschlag nur die Augen schloss. Sie wagte nicht, sich umzudrehen, denn der Zeiger der Uhr, die sie in Gedanken wieder sah, war stehen geblieben, kurz vor einer Stundenmarkierung. Ganz ruhig und langsam sog sie nun die Luft in ihre Lungen, so, wie sie es den ganzen Tag über nicht getan hatte.

Sehnsucht
Wiebke Franke

»Simone, wie oft soll ich dir das denn noch sagen? Du bist besser dran ohne ihn.«

»Mhm …«

»Mit ihm warst du doch auch nicht glücklich. Du hast dich immer beschwert, wie wenig er dich beachtet und für dich einsteht.«

»Das stimmt, aber …«

»Was, aber?«

»Er war für mich da, wenn ich ihn brauchte.«

»Das stimmt doch gar nicht. Und das weißt du.«

»Vielleicht nicht so, wie er es hätte sein können. Aber dass er da war, tat mir gut.«

Schweigend saßen sie eine Weile da. Simone schaute müde aus dem Fenster. Gespräche dieser Art kannte sie schon. Egal, wie oft sie es durchgingen, das Resultat war jedes Mal Frustration auf beiden Seiten. Steffi wollte nur ihr Bestes, das wusste sie, aber sie verstand nicht, wie leer ihr Leben ohne Mark war. Wie sehr er ihr fehlte. Und dass niemand ihn ersetzen konnte.

»Simone, es ist jetzt bald ein Jahr her. Mark hat sich nie wieder bei dir gemeldet. Nach allem, was wir wissen, könnte er sich mit einer neuen Frau ein neues Leben aufgebaut haben.«

»Mein gestohlenes Leben«, warf Simone ein.

»Nein«, sagte Steffi verzweifelt, »sein vergeudetes Leben. Und du hast ein viel besseres Leben hier seitdem er weg ist. Du hast einen neuen Job, das Verhältnis zu deinen Eltern ist wieder besser. Und von deinen tollen Freunden will ich gar nicht erst sprechen«, setzte sie augenzwinkernd hinterher. Simone lachte kurz auf, um dann leise zu seufzen.

»Objektiv ja, subjektiv fühlt es sich anders an.«

»Wie denn?«

»Bedeutungslos. Durch Mark wurde mir erst richtig bewusst, dass ich war. Alles, was ich tat und erlebte schien lebendiger. Jetzt fühlt es sich unbedeutend und nichtig an. So, als fehle etwas.«

»Aber Mark hat sich nicht dafür interessiert, was du tust. Du warst ihm immer egal, es ging nur um ihn. Dass er erfolgreich im Beruf war. Dass er seine Freiheit hatte. Er war das Zentrum eurer Beziehung, und damit auch deines Lebens. Jetzt endlich geht es wieder um dich. Du lebst wieder nur für dich.«

»Meinst du wirklich? Ich fühle mich nicht, als würde ich leben.«

Und wieder waren sie in der Sackgasse angelangt. Steffi hatte ja Recht, die Zeit mit Mark war nicht immer toll, aber es war das Leben, das sie wollte. Er hatte ihrem Leben einen Sinn gegeben. Er hatte ihrem Herzen gezeigt, dass es nicht nur ein Muskel war. Wie es plötzlich rasen konnte, wenn er sie berührte. Die kleinen Luftsprünge, die es vollführte, wenn er sie inmitten einer Party durch einen vollen Raum ansah. Wie es manchmal kurz aussetzte, vor Erregung, wenn sie miteinander schliefen.

Doch davon war nichts mehr übrig. Ihr Herz war verstummt.

»Ich habe eine Idee. Vielleicht kann ich dir zeigen, wie es mir geht.«

Steffi blickte sie verwirrt an. Sie sah doch, wie es ihr ging. Beschissen. Seit Monaten das Gleiche. Immer, wenn sie dachte, Simone wäre über Mark hinweg, kam plötzlich alles wieder hoch. Es war, als hätte er sie erst gestern verlassen. Der Schmerz in Simone schien nicht enden zu wollen.

Simone kam nach einigen Minuten mit einem alten Sylvesterknaller und einem Küchenmesser zurück. Steffi sah sie besorgt an.

»Was hast du vor?«

»Lass uns auf den Balkon gehen.«

Beunruhigt und neugierig folgte sie ihr auf den großen Balkon, mit dem beeindruckenden Ausblick auf den Schlosspark.

Simone nahm das Messer und begann damit die Hülle des Sylvesterknallers einzuritzen. An einigen Stellen löste sie das Papier in dünnen Fetzen ab. Sie arbeitete still vor sich hin, während Steffi ihr nervöse Blicke zuwarf. Endlich legte sie das Messer weg und zündete den Knaller an.

»Das war mein Herz in der Beziehung mit Mark«, sagte sie. Simone hielt den Knaller hoch und zeigte Steffi die verwundete Schale, die das Innere zusammenhielt und die brennende Lunte, die ihm Leben einhauchte. Kurz bevor der Knaller in ihrer Hand explodierte, schleuderte sie ihn über den Balkon, in den Regen hinaus. Ehe er den Boden berührte, zersprang er mit einem lauten Knall.

»Das ist mein Herz, seit er mich verlassen hat.«

Die Liebe in ihm
Johannes Harstick

Es gab Tage, da liebte er sie mehr als sein Leben. Dann wiederum kamen Momente, in denen hätte er alles dafür gegeben, dass sie ihn verließ und nie wieder zurückkehrte. So war es schon immer gewesen, und er hielt es für nichts Ungewöhnliches in einer Beziehung, die keine Pausen kannte. Daher erschütterte es ihn, als ihm irgendwann bewusst wurde, dass im Laufe der langen Zeit die Tage der Liebe zu Momenten verkümmert und die Momente des Hasses zu Tagen angeschwollen waren.

Wenn er sie ansah, mit ihr sprach oder ihr dabei half, den Reißverschluss des Kleides zu schließen, dann spürte er weder dieses Kribbeln noch die Wärme, die solche Momente ihm früher gegeben hatten. Heute rauschte alles wie ein Zug an ihm vorbei und nicht der Hauch einer Emotion blieb zurück. Im schlimmsten Fall ekelte er sich sogar, wenn seine Haut die ihre berührte, und er zuckte zurück, als wäre sie glühend heiß.

Er glaubte nicht, dass sie es war, die sich verändert hatte, sondern dass in ihm nach und nach etwas zu erwachen begann, dass all die Jahre tief in seinem Inneren geschlafen hatte. Doch konnte er diese Frau wirklich einmal geliebt haben? Hatte er gelacht, über ihre vulgären Witzchen? War es ihm angenehm gewesen, wenn ihre Hand in aller Öffentlichkeit in seinen Schritt gegriffen hatte? Er erinnerte sich an einen Artikel, in dem die Liebe mit einer Drogensucht verglichen worden war. Irgendwann reichen die ausgeschütteten Endorphine nicht mehr aus, um den Junkie vergessen zu lassen, dass er in der Gosse liegt, zwischen Hundedreck und alten Zeitungen.

Sie schien davon nichts zu bemerken, zumindest ließ sie es sich nicht ansehen. Vielleicht wollte sie es auch einfach nicht wahrhaben, dass der Mann, der immer bei ihr gewesen war, der zu ihr gehört hatte wie die teuren Handtaschen von *Valentino* oder *Feretti*, nun mit dem Gedanken spielte, diese Rolle hinzuschmeißen. Wie brav er doch immer gewesen war und wie zurückhaltend. Mit Schrecken dachte er an die unzähligen Partys und Dinner, bei denen sich seine Frau der Öffentlichkeit präsentiert hatte. Wie sie durch die Menge geschritten war, der Ausschnitt zu weit und das Kleid zu kurz. Hier und da mit abstoßenden Personen über Oberflächlichkeiten plaudernd, Handküsschen werfend und augenzwinkernd. Wenn sie dann zu viel getrunken hatte, war sie unausstehlich geworden, hatte obszöne Dinge geschrien, die Männer begrapscht und die Frauen beleidigt. Auf Kokain war es noch schlimmer gewesen, fast unerträglich schlimm.

Und er? Er hatte sich entweder im Hintergrund gehalten und gehofft, niemand würde merken, dass diese Person zu ihm gehört oder sich gehen lassen und mitgemacht. In jedem Fall war am nächsten Tag immer alles wieder in Ordnung gewesen und der Hass hatte nur für Momente angedauert.

Jetzt hatte sich vieles geändert, denn jenes Etwas in seinem Kopf war erwacht und befreite die Fenster seines Verstandes von der verkrusteten Staubschicht, die sie so lange bedeckt hatte.

Wieder lag eine dieser Partys hinter ihnen, nur war ihm diese unerträglicher als alle anderen zuvor erschienen, denn er hatte sie zum ersten Mal bewusst und bei klarem Verstand miterlebt. Nun stand seine Frau vor ihm, fast nackt und betrunken. Er hatte alles für sie aufgegeben, den Beruf, seine Eltern und seine Freunde. Er verabscheute sich und hasste sie dafür. Als sie ihn fragte, ob er sie immer noch liebe, antwortete er mit »Nein«. Als sie ihn daraufhin auslachte und ihm einzureden versuchte, dass sie für immer zusammengehören würden, da schlug er zu. Die Faust traf sie mitten im Gesicht und obwohl seine Hand bereits blutete, wünschte er sich, er hätte noch fester zugeschlagen.

Langsam ging er über die Scherben des Spiegels zum Bett. Die Glassplitter schnitten sich tief in das Fleisch seiner nackten Fußsohlen. Er spürte es nicht. Wut und Verzweiflung ließen keinen Platz für die belanglosen Gefühle des Körpers. Er bückte sich und hob eine der Scherben auf, vermied es dabei, sie genauer zu betrachten, denn alles was er darin sehen würde, wäre sie. Als er auf dem Bett lag, hörte er von draußen wie aus weiter Ferne Verkehrsgeräusche. Die Scherbe in seiner Hand wanderte erst zu seinem linken Arm und dann entlang der Pulsader bis hin zur Handfläche, geschmeidig, als ob sie dafür gemacht worden wäre. Dies war der Weg und auf ihm würde sie ihn endlich verlassen. Er genoss es, dabei zuzusehen, wie sein Blut dunkel auf das Kleid tropfte, das neben ihm lag und das er – nein, das sie so gerne getragen hatte. Doch als sich das Zimmer um ihn herum zu drehen begann und weiße Schleier ihn umhüllten, da wurde ihm klar, dass sie ihn niemals verlassen würde, dass er und sie für immer eins sein mussten und nicht einmal der Tod etwas daran ändern konnte.

Brief an eine Nebenbuhlerin
Heike Keuper Göbel

Liebe Susi,

denkst Du noch manchmal an mich? Erinnerst Du dich an die vertrauensvollen Briefe, die wir uns schrieben? Du fühltest dich ein bisschen wie meine große Schwester. Ich lächelte darüber, aber ich war begeistert von deiner netten Art. Nun spüre ich – ein Wunder ist mit Dir geschehen! Du bist ... verliebt! Ich weiß, Dein Herz schlägt höher, wenn Du an ihn denkst. Früh am Morgen ist es, und Du schreibst ihm schon das fünfte Mal. Vermutlich werden es bis in die Nachtstunden noch bis zu zwanzig Mails sein. Viele Male hast Du schon mit Deinem Gewissen gekämpft, doch Du kannst einfach nicht ohne weiteres aufhören. Wie ein innerer Zwang treibt Dich die Sehnsucht nach Zärtlichkeit immer weiter voran.

Sitzt Du am Computer und tauschst Gedanken mit ihm, versinkst Du in Deine Traumwelt, und alles andere um dich her scheint sich in Unwichtigkeiten aufzulösen.

Ja, Susi, Du träumst einen süßen Traum, eine kleine, wunderbare Romanze. Wie kann ich Dich verstehen!

Er interessiert sich für Dich, er antwortet Dir, er ist rege, er hat viel Zeit für Dich. Es prickelt so wunderbar in Deinem Bauch. Eine herrliche Erregung macht sich seit Monaten in Dir breit, und das, obwohl es so harmlos begann!

Du wunderst dich, woher ich das alles weiß?

Letztes Wochenende hast Du ihn zum zweiten Male getroffen. Dafür bist Du weit gereist. Um dieses Treffen real werden zu lassen, gab es vorher viel zu organisieren. Schließlich wolltest Du Deine kleinen Kinder währenddessen wohl behütet wissen.

Er berichtete mir eingehend, dass ihr einen wunderschönen Tag hattet. Dieses Mal war euer Treffen mit noch mehr Vertrautheit durchwoben. Euch an den Händchen haltend, schlendertet ihr beide am Ufer des Neckars entlang. Endlich – ein erster zaghafter Kuss, wobei er darauf verzichtete, seine Hände unter Deinen Pullover gleiten zu lassen. In den kleinen, lauschigen Kneipen, die mir auch sehr vertraut sind, tauschtet ihr tiefe Blicke. Alles konntest Du Dir von der Seele reden, während er Dich behutsam streichelte. Es ging Dir unter die Haut, wie er Dich berührte. So ging es mir auch, bei unseren ersten Dates. Anbei sende ich Dir ein Foto von unserem glücklichen Tag, damals.

Du wunderst dich, dass Du ihn so lieben kannst, wie er ist, mit seiner großen – kleinen Schwäche, die er offen gesteht. Was soll's – genieße, was Du bekommen kannst. Gegen Deine Gefühle kannst Du nichts machen, meinst Du, Du willst sie ausleben.

Recht hast Du – das Leben ist kurz. Und außerdem sein Problem, es berührt Dich ja nur peripher. Verliebt sein motiviert auch ihn, am Anfang wird er sich viel Mühe geben. Negative Auswirkungen wirst Du also kaum zu spüren bekommen.

Die Stunden vergingen wie im Fluge, ihr vergaßt Raum und Zeit.

Beim Abschied fiel die Umarmung viel zu kurz aus, trotzdem muss sie nun wieder für viele Wochen ausreichen. Die Zeit drängte, ein letzter Kuss, ein zärtlicher Blick, und Du tröstetest Dich, dass Du im Februar wiederkommen wirst.

Susi, es werden viele schmachtende Wochen – mit noch mehr Fantasien! In dieser Zeit kann viel geschehen!

Dein Zug war abgefahren, und er rief mich an und freute sich wie ein kleines Kind über den schönen Tag mit Dir. So wie nach eurem ersten Treffen auch. Doch er wünschte sich, dass er meine Liebe nicht verliert. Sind Liebe und Vertrauen nicht wundervolle Geschenke?

Stell Dir mal vor, er wartet auf das Signal, dass Du endlich mit in seine Wohnung kommst. Seinem Rosenkranz fehlen noch einige Perlen, Du wirst – eine weitere sein. So, wie die Perlen Chris, Anna, Hildchen, Rene, Lisa, Juli, Tine, Janni, Uschi und Moni. Er ist so dankbar für die Abwechslung, die Du ihm bietest! Seine Begeisterung für vielfältigen Perlenglanz ist echt. Mit Dir fädelt er eine rotleuchtende Perle auf. So eine wie Dich hatte er noch nie!

Er zeichnete mir ein Bild, verglich Dich mit der Situation eines nach Nahrung suchenden Insekts, das sich in die Nähe eines fantasievoll gewebten Spinnennetzes wagt. Die Spinne, scheinbar ruhend, beobachtet haargenau jede Bewegung und ... wenn Du nah genug heran gekommen sein wirst, wird sie Dich fangen.

Seine süßen Gifte sind bezaubernde Huldigungen, Zärtlichkeiten und Leidenschaften, die jede Frau betören.

Das Blut wird Dir in den Kopf schießen, Dein Herz wird rasen, wenn er Dir endlich den Pullover hoch schiebt, um Deine kleinen Brüste zu berühren. Sein durchtrainierter, schlanker Körper bebt, während Du mit zitternden Beinen auf das Bett gleitest. Eure Küsse werden immer leidenschaftlicher. Im Liebesgerangel ergeben sich die unglaublichsten akrobatischen Kunststücke. Sein Mund gleitet ganz langsam, aber zielstrebig immer tiefer, um in Deinem Schoß zu verweilen. Du meinst, im Meer der Gefühle zu ertrinken. Nahe der Ekstase hoffst Du, dass es nie enden möge. Aufbäumend, glücklich erleichtert, entspannt und sehr verliebt fällst Du in die weichen Kuschelkissen, die um euch herumliegen. Er reicht Dir ein Kissen, damit Du Deinen Kopf darauf betten kannst. Vermutlich ist es eines von meinen Kissen, auf dem Du nun sanft gebettet liegst.

Magst Du auch Kaffee – danach? Ich leihe Dir meine Tassen gern. Meist benutze ich die rote, für ihn kaufte ich die gelbe Tasse. Ich hoffe, der Kaffee bekommt Dir gut. Wenn Dir noch ein wenig Zeit bleibt, bis Dein Zug abfahren wird, gönn Dir ruhig ein wenig Schlaf in seinen Armen. Verliebte sind in der Lage, jeden Schmerz zu verdrängen.

Träume süß, Susi, eingebettet in meinen Tränen und meinem Hass, der Dich bis ans Ende der Welt verfolgen will.

Gruß Lisa

P.S.: Als ich das letzte Mal mit ihm schlief, dachte ich an Dich, und tatsächlich ich gönnte Dir diese Erfahrung von Herzen, ein Austauschobjekt zu sein. Susi, ich kann nicht anders, ich muss meine Liebe ausleben.

Die Anarchisten
Stephan Rossner

»Ich will Ihnen das so erklären: Es geht um mich. Alles, was um mich herum passiert, hat mit mir zu tun.«

»Da sind Sie ja ziemlich egoistisch, wie man heute so sagt.«

»Ja, das bin ich. Ich bezeichne das als 'positiven Egoismus', als ein 'Zu sich selber stehen'.«

»Positiv heißt doch 'gut'. Aber wenn alle das so machen würden, hätten wir ein totales Durcheinander.«

»Das Leben ist ein totales Durcheinander, ein Chaos, Anarchie. Die ganze Welt ist Anarchie. Jeder Mensch ist eigentlich ein Anarchist.«

»Ich bin doch kein Anarchist, Herr Professor.«

»Natürlich sind Sie kein Anarchist im herkömmlichen Sinne. Im erweiterten Sinne schon. Sie machen ein Leben lang nicht das, was Sie eigentlich gerne machen wollen. Sie fügen sich in den gesellschaftlichen Rahmen ein und negieren täglich Ihre tiefen menschlichen Bedürfnisse nach Macht, Liebe und Aggression zum Beispiel. Anstatt Forellen zu angeln, schließen Sie hier abends die Türen und wechseln tagsüber die kaputten Neonröhren aus.«

»Wir machen alle nur unseren Job, Herr Professor. Und meiner ist gar nicht so schlecht. Ich halte den Laden hier in Gang!«

»Gar nicht so schlecht? Ich meine doch, dass die meisten Menschen gezwungen werden oder sich selber zwingen, nicht nach ihrer inneren Uhr, nach ihrem inneren Bauplan zu leben. Sie halten sich nicht an das ihnen zutiefst innewohnende, private, einzigartige, nur für sie geltende Gesetz 'Sei wie du bist oder sei nicht!' Sie halten sich nicht an dieses Gesetz, also sind sie Anarchisten. Wir sind Anarchisten, Herr Fischer.«

»Nein, da komme ich nicht mehr mit.«

»Ich habe schon etwas Erfahrung mit meiner 'Anarchistentheorie' gesammelt. Ich fühle mich wahrer, verstehe und begreife mehr und weiß immer weniger. Gefühl und Erfahrung haben bei mir Wissen und Fleiß ersetzt. Früher habe ich gelernt, wie ein fleißiger Student das halt so macht. Heute nützt mir dieses Lehrbuchwissen nicht mehr viel. Ich entscheide oft aus dem Bauch heraus und mein Leben funktioniert besser.«

»Ich bin jedenfalls so zufrieden, wie es ist. Und die großen Philosophen sind mir zu hoch. Die wissen doch selber manchmal nicht, von was die da reden.«
»Ich fühle mich authentischer, selbstsicherer ...«
»Sie werden schon wissen, was Sie machen, Herr Professor. Entschuldigen Sie, ich muss in den Keller und nach der neuen Wasserleitung gucken. Die haben mal wieder beim Einbauen gepfuscht. So was hat's früher nicht gegeben. Wiederschaun, Herr Professor!«
»Das Leben ist ein totales Durcheinander und Sie bringen etwas Ordnung in das Chaos. Sie sind ein Teil von jener Kraft, die stets das Gute will ... Aber Ihnen ist noch nicht das Licht aufgegangen, dass Sie ja lieber im Fluss fischen wollen ... Herr Fischer? ... Der Arme, lebt in seiner kleinen Reparaturwelt und sieht den Wald vor lauter Bäumen nicht. *O sancta simplicitas*!«

Beziehungskommune
Marcel Meder

Die Silhouetten dreier Gestalten gegen das Mondlicht und den dunkelblauen, finsteren Nachthimmel. Bedächtig bewegen sie sich hin und her, eine der Gestalten gebeugt. Leises Rascheln von Papiertüten ist zu vernehmen, gelegentlich ein deutlich hörbar rasselndes Atmen, ein Hüsteln, ein Räuspern. Keine der Gestalten spricht ein Wort, scheinbar geschäftig immer in Bewegung, die drei. Ein Tanz, wortlos und unbewusst aufeinander abgestimmt, niemals ist ein Straucheln zu bemerken oder ein versehentliches Aneinanderstoßen. Sinn und Zweck ihres Tuns sind im Dunkel nicht auszumachen.

Nach einer Weile setzen sich die drei einer nach dem anderen und lehnen sich an einen Baum, einen großen Stein, an eine Mauer. Sie sitzen sich offenbar gegenüber, im Dreieck, sehen in Richtung der jeweils anderen oder wenden den Kopf gegen den Mond und den silbrig erleuchteten Nachthimmel. Schließlich sinkt einer der Köpfe zwischen die Knie, der zweite hängt schlaff zur Seite, während die dritte Gestalt langsam zur Seite kippt, jedoch den Boden nicht berührt. Unmissverständlich sind leise Schlafgeräusche zu vernehmen.

* * *

Die Sonne streift den Horizont, steigt über ihn hinaus und erhellt die drei Gestalten. Ein altes, faltiges, mit Narben durchzogenes und von einem ausgefransten, ein wenig mit Speichel beschmutzten Bart gerahmtes Gesicht, am Baum lehnend. Ein zweites, deutlich jüngeres, ebenfalls bärtig, am Felsblock. Das dritte, unbestimmbar in Alter und Geschlecht, bartlos, an die Mauer gestützt. Nacheinander erwachen die drei Gestalten, strecken sich, gähnen ausgiebig, der

Alte stöhnt mit zittriger Stimme. Die beiden jüngeren erheben sich und helfen ihm auf. Er klopft sich die zerschlissenen Hosen aus und betrachtet die beiden anderen durchdringend, während sie die Decken vom Boden aufsammeln und verstauen. Dann sehen sie ihn erwartungsvoll an. Endlich wendet er sich ab, setzt sich mühsam einen alten, abgenutzten Rucksack auf, die schmalen Schultern gebeugt, während die jüngeren jeweils ein paar Plastiktüten vom Boden aufheben. Ohne Hast verlassen die drei Gestalten die Wiese, die mitten im Stadtpark liegt, der Alte leicht schwankend voraus.

* * *

Die drei stehen in einer Fußgängerzone, um sie herum ein Strom von Menschen. In ihrer Laufrichtung liegt wenige Meter über eine verkehrsberuhigte Straße hinweg der Bahnhof. Vor diesem haben mehrere Gruppen von Jugendlichen, Punks und einige Obdachlose ihren Treffpunkt. Zugreisende eilen in den Bahnhof hinein oder aus diesem heraus. Im Rücken der drei die Fußgängerzone mit einigen Abzweigungen. Auf der linken Seite hat ein Sexshop geöffnet, gegenüber eine Suppenküche.

Der Alte wendet sich den beiden anderen zu. Schräg links von ihm kann er auf eine riesige Werbung sehen, auf der die Erschaffung Adams von Michelangelo prangt. Zur Rechten Gott in dynamisch-bewegtem Schweben, in seinem Schlepptau neun Putten, umgeben von einem roten Schutzmantel. Er streckt seinen rechten Zeigefinger aus, um Adam den Lebensfunken zu spenden. Ihm gegenüber wartet allerdings nicht der Mensch, sondern das neueste Modell einer Autofirma auf die göttliche Berührung. Der Alte hebt kaum merklich die Braue und spricht dann zu den beiden Jüngeren, seine Stimme überraschend hoch, fast schon weiblich.

»Dieses pausenlose Hin- und Hergelaufe der vielen Menschen macht mich müde und hungrig. Wollen wir eine Kleinigkeit zu uns nehmen bei den freundlichen Menschen dort?« Er deutet auf die Suppenküche.

»Ja. Lasst uns ein wenig rasten. Das wird unsere Gemüter wieder ein wenig beruhigen«, stimmt die bartlose Gestalt zu, die Augen unablässig auf den Alten gerichtet.

»Ja, natürlich, wie du es wünschst«, antwortet der jüngere Bärtige, während er sichtlich nervös die im Schaufenster des Sexshops ausgestellten Bilder betrachtet. Seine Stimme hat einen angenehmen, ruhigen Tonfall.

Sie zwängen sich durch den stetigen Strom der Menschen, die beiden Jüngeren flankieren den Älteren.

* * *

Der Alte sitzt auf einem Mäuerchen, das den Treppenaufgang hinauf zum Bahnhof flankiert. Er reinigt mechanisch seinen Bart von Essensresten. Der eine oder andere Fleck ist auf seiner ärmlichen Kleidung zu sehen. Neben ihm die bartlose Gestalt. Sie beobachten beide den jungen Mann, die dritte Person ihrer kleinen Gemeinschaft. Er steht auf dem Bahnhofsvorplatz inmitten einer Traube aus einigen Jugendlichen, Punks und Obdachlosen. Er hat gerade etwas gesagt und alle lachen. Er begrüßt alle einzeln und legt manchem und mancher die Hand auf den Arm. Alle sehen ihn bewundernd an. Sie setzen sich an den Brunnen vor dem Bahnhof. Lange unterhält er sich mit ihnen und sie scheinen an seinen Lippen zu hängen, wenn er spricht. Noch des Öfteren lachen sie miteinander und schließlich verabschiedet er sich herzlich und ausgiebig von ihnen. Er geht zu den beiden anderen zurück.

Der Alte erhebt sich, sieht den Bärtigen wortlos an, lächelt, streichelt ihm die Wange und sie verlassen den Bahnhofsvorplatz Richtung Innenstadt.

* * *

Die drei gehen durch die Straßen. Der Alte ein wenig voraus, der Bärtige, der bartlosen Gestalt neben ihm aufmerksam lauschend, ein kleines Stück dahinter. Sie kommen an einem Elektrofachgeschäft vorbei. Der Alte sieht ins Schaufenster und bleibt interessiert stehen. Die beiden anderen stoßen zu ihm und sehen gleichfalls durch die Scheibe, wo Bilder über mehrere Flachbildschirme tanzen. Zu sehen ist die bartlose Gestalt. In schneller Reihenfolge erscheinen mehrere unterschiedliche Szenen: Sie spricht vor einer mehrere Tausend

Menschen umfassenden Menge, die ihr immer wieder zujubelt. Dann hält sie eine Pressekonferenz ab, danach gibt sie einzelnen Reportern Interviews. Sie hält einen Vortrag, offenbar vor einem universitären Publikum. In einer Diskussion mit einem führenden Politiker. Zuletzt von ferne in privatem Gespräch mit einer Frau, deren Gesicht große Traurigkeit ausstrahlt. Die bartlose Gestalt hat den Arm vorsichtig auf ihrer Schulter liegen.

Sie sehen noch eine Zeit lang schweigend auf den Bildschirm und gehen dann weiter, wie vorhin. Nur dass die bartlose Person diesmal schweigend neben dem Bärtigen läuft.

* * *

Es ist wieder Nacht, der Mond gerade aufgegangen. Die drei vollführen ihren beinahe lautlosen Tanz. Am Ende setzen sie sich und sehen abwechselnd den anderen oder den Himmel an. Nach geraumer Zeit schlafen alle drei nacheinander ein.

Der Geschmack der Erinnerung
Hardy Faber

Ich durfte seine Rede auf keinen Fall verpassen, darum hetzte ich schon seit Tagen durch Dallas, um alles gründlich vorzubereiten. Sein Auftritt war meine große Chance. Diesmal musste alles klappen wie am Schnürchen, oder ich würde für den Rest meiner Karriere der Wiener Lokalprominenz Nachrufe hinterherschreiben. Aber ich war zuversichtlich und hakte einen Punkt nach dem anderen auf meiner Checkliste ab. Ich hatte ein Zimmer gemietet, einen Wagen besorgt, meinem Tonbandgerät frische Batterien spendiert, die Bleistifte gespitzt und mir den Stadtplan gründlich eingeprägt.

Doch jetzt, in diesen entscheidenden Minuten, war ich trotzdem wieder zu spät dran. Ich fuhr mit dem Mietwagen Richtung Zentrum zum *Trade Mart*, wo die Sache über die Bühne gehen würde. Es war Freitag um die Mittagszeit. Der Verkehr war mörderisch.

Als ich kurz vor dreizehn Uhr dort ankam, war keine Menschenseele zu sehen, der Parkplatz war wie leer gefegt. Keine Besucher, keine Security, keine Reporter. Nur ein Polizist stand hilflos in der Mitte des Platzes und starrte schockiert auf sein Funkgerät. Ich fuhr auf ihn zu, bremste scharf und kurbelte das Fenster herunter. Er sah mich nicht einmal an. »Sie haben auf ihn geschossen«, murmelte er, »die Schweine haben auf ihn geschossen.«

»Wo?«, schrie ich ihn an, »wo ist es passiert?« Er hob den Kopf und starrte auf einen imaginären Punkt hinter dem Horizont. »Elm Street«, hauchte er nach Südosten.

»*Parkland Memorial*«, schoss es mir durch den Kopf. »Sie haben ihn sicher ins *Parkland Memorial* gebracht.« Ich stellte im Geist die Route zum Krankenhaus zusammen und raste los. Der Verkehr wurde immer dichter, überall Straßensperren und an jeder Kreuzung

Polizei. Mit dem Presseausweis kam ich zwar ungehindert durch, aber für die zwei Meilen brauchte ich trotzdem eine dreiviertel Stunde. Als ich beim *Parkland Memorial* ankam, hing eine schwarze Fahne vor dem Gebäude.

Kennedy war tot.

In den nächsten Tagen telefonierte ich ein paar Mal täglich mit meiner Redaktion in Wien. Ich berichtete, wie Vizepräsident Lyndon B. Johnson an Bord der *Air Force One* den Amtseid ablegte und ich war dabei, als das Flugzeug mit dem toten Präsidenten und mit seinem Nachfolger Richtung Washington abhob.

Die Ereignisse spitzten sich weiter zu. Ein Polizist wollte den Verdächtigen Harvey Lee Oswald verhaften und wurde von ihm getötet. Kurz darauf nahm man Oswald in einem Kino fest. Zwei Tage später wurde er von Jack Ruby mit den Worten »Du hast meinen Präsidenten getötet, du Ratte!« vor laufenden Fernsehkameras erschossen.

Ein paar Tage später war die Aufregung vorbei. Das Leben bremste sich ein und näherte sich dem üblichen Tempo. Man spürte noch, dass irgendwas nicht stimmte, aber eine Tragödie wie die Ermordung des Präsidenten der Vereinigten Staaten hätte man nicht vermutet, wenn man sah, mit welcher Selbstverständlichkeit die Leute ihren Geschäften nachgingen. Business as usual.

Am letzten Abend vor meiner Abreise verschlug es mich in eine kleine, gemütliche Bar. Das gedämpfte Licht, der Duft nach frischem Kaffee und das Knarren der dunklen Dielen stellten meine Hypophyse schlagartig auf Standby. An der Schmalseite der Bar knutschten zwei Schwule. Ein wenig irritiert nahm ich trotzdem Platz. Sie hatten mich nicht bemerkt.

Mit einem *Cuba Libre* und einer Zigarre wollte ich meine Reise angemessen ausklingen lassen, doch dann fiel mir das US-Embargo gegen Kuba ein. Kein kubanischer Rum. Den Drink konnte ich vergessen. Ich bestellte schwarzen Kaffee und verbrannte sicherheitshalber die Banderole meiner Havanna im Aschenbecher. Genüsslich entzündete ich meine Zigarre. Ein Mann setzte sich an den Nebentisch. Ich beachtete ihn nicht weiter und stellte meine

Ledertasche auf einen Stuhl. Ich kramte nach den Notizen der vergangen Tage und legte die *Manner*-Schnitten, die ich im Flugzeug gekauft hatte, neben meine Kaffeetasse.

Der Mann am Nebentisch stand auf. Er war groß und schlank, hatte eine Haut wie ein alter Cowboystiefel und seine grauen Haare hingen über den Kragen seiner Jeansjacke. In seinem Mundwinkel baumelte eine kalte Zigarette. Vorsichtig wie ein alter Wolf kam er näher, den linken Fuß zog er ein wenig nach.

»Hallo, ich bin Paul Lehmann.« Sein linkes Auge zuckte ein paar Mal. »Sie sind aus Österreich?«, fragte er auf Deutsch und tippte mit dem Zeigefinger auf die *Manner*-Schnitten. Seine Aussprache hatte diese typisch amerikanische Färbung, aber das Wienerisch dahinter blieb mir nicht verborgen.

»Ja, ich bin aus Wien. Mein Name ist Max Schiefer. Ich habe für eine Zeitung über das Attentat berichtet«, antwortete ich und lud ihn ein, auf dem Stuhl neben mir Platz zu nehmen. Ich stellte meine Ledertasche auf den Boden und er setzte sich. Ich riss die Verpackung mit dem roten Bändchen auf, knickte die oberen beiden Reihen um und hielt ihm die süße Verlockung hin.

Mit spitzen Fingern nahm er vorsichtig, fast andächtig eine Schnitte, betrachtete sie lange von allen Seiten, roch daran, und brach sie in zwei gleich große Stücke. Die eine Hälfte legte er auf eine Serviette, die andere ließ er auf der Zunge zergehen. Er schloss die Augen, schob die Süßigkeit vorsichtig im Mund hin und her und zerdrückte sie langsam am Gaumen.

»Es ist schon sehr lange her, als ich die letzte *Manner*-Schnitte gegessen habe, aber sie schmecken noch genauso fein wie damals«, sagte er.

»Damals, wann war denn das?«, fragte ich.

»Damals, das ist sehr lang her. In dem Jahr, als ich sieben wurde, begann ein neues Jahrhundert, und beim Jahreswechsel in Wien jubelten wir noch dem Kaiser zu.« Ich sah ihn zweifelnd an. »Ob du es glaubst oder nicht, mein Junge, ich bin vor ein paar Monaten 70 geworden«, grinste Paul.

»Wir wohnten in Wien in der Wilhelminenstraße«, erzählte er, »genau gegenüber der *Manner*-Schokoladenfabrik. Der Duft von Süßigkeiten hüllte das ganze Viertel ein. Jedes Haus, jede Wohnung und jedes Zimmer war erfüllt von diesem herrlichen Schokoladenduft.«

»Damals, das war auch die Zeit, in der ich meiner großen Liebe begegnete. Wir waren fast gleich alt und wir wohnten Tür an Tür. Wir ahnten noch nicht, dass aus dieser Freundschaft einmal eine ganz besondere Verbindung entstehen würde, wir waren eben Kinder. Aber wir waren unzertrennlich.«

Gedankenverloren drehte er die kalte Zigarette zwischen den Fingern. »Immer am Monatsende, wenn mein Vater den Lohn nach Hause brachte und nachdem meine Mutter alles fein säuberlich abgezählt und eingeteilt hatte, steckte sie mir ein paar Kreuzer zu. Ich klopfte an der Nachbarwohnung und wir rannten hinunter zum *Manner*-Laden. Das Geld reichte gerade für eine einzige Schnitte, die wir genau in der Mitte teilten. Jeden Monat eine halbe *Manner*-Schnitte, so nahm eine große Liebe ihren Anfang.«

»Eine einzelne Schnitte?«, frage ich.

»Ja, eine einzelne Schnitte«, sagte Paul. »Die wurden damals noch stückweise verkauft, so was kann man sich heute gar nicht mehr vorstellen.«

Seine Augen waren genau auf meine Pupillen gerichtet, aber er sah mich nicht; er schaute durch mich hindurch auf ein Bild, das sehr weit in der Vergangenheit lag, als er weiter erzählte.

»Tage und Monate verflogen, die Jahre und Jahrzehnte schweißten uns mehr und mehr zusammen und aus unserer unzertrennlichen Freundschaft war die ganz große Liebe geworden, die viele ein Leben lang vergeblich suchen. Die *Manner*-Schnitten gab es längst nur noch in Faltschachteln, aber an jedem Monatsletzten legten wir eine einzelne Schnitte auf einen Teller und teilten sie, wie damals, als wir noch Kinder waren.«

»Klingt nach einem richtigen Hollywood Happy End«, sagte ich.

»Klingt aber nur so«, antwortete Paul. »Lange Zeit genossen wir unser Glück, hielten eisern zusammen und wussten, nichts und niemand würde uns je trennen. Aber die Ereignisse der folgenden Monate erwischten uns auf dem falschen Fuß.«

Er fuhr sich mit dem Handrücken über die Stirn. Sein linkes Auge zuckte. »Hitler war im März einmarschiert, Freunde und Bekannte waren plötzlich wie vom Erdboden verschluckt und Davidsterne wurden auf Schaufensterscheiben geschmiert.« Er zündete die Zigarette an, die er die ganze Zeit zwischen den Fingern gedreht hatte. »Und wir waren Juden.«

Er zog ein paar Mal kräftig und inhalierte tief. »Zuerst hofften wir noch, dass sich diese Bande nicht allzu lange halten würde. Aber nach der Reichskristallnacht war uns das Pflaster in Wien zu heiß geworden. Wir mussten weg, raus aus dieser Stadt, raus aus dem Land.«

Pauls linker Fuß zitterte. »Wir verkauften unser ganzes Hab und Gut auf dem Schwarzmarkt. Wir mussten höllisch aufpassen, dass uns nicht einer dieser verdammten Hehler auffliegen ließ, aber innerhalb von zwei Wochen trennten wir uns für wenig Geld von allem, was uns in den vielen gemeinsamen Jahren ans Herz gewachsen war. Unsere Wohnung war komplett leer und der Tag unserer Flucht war gekommen.«

Paul zog an seiner Zigarette. Er schwitze. »Es war schon dunkel«, erzählte er weiter, »aber vor Mitternacht war es zu gefährlich. Wir saßen auf dem nackten Holzboden unserer Wohnung und hielten uns aneinander fest. Nach einem langen Kuss wickelte ich feierlich eine *Manner*-Schnitte aus einem blütenweißen Taschentuch und teilte sie genau in der Mitte. Schweigend saßen wir da und starrten lange auf die beiden Hälften. Kurz vor Mitternacht nahmen wir uns an den Händen, schauten uns in die Augen und aßen die Süßigkeit auf. Es war die letzte gemeinsame *Manner*-Schnitte unseres Lebens.«

Meine Zigarre war ausgegangen. »Was passierte dann?«, fragte ich und rieb ein Streichholz an. Paul war in seinem Sessel zusammengesunken.

»Wir haben es nicht geschafft. Ein paar Minuten später war die Gestapo im Haus. Wir versuchten zu fliehen, doch sie hatten uns entdeckt. Es fielen Schüsse und ich bemerkte zu spät, dass ich alleine lief. Und nun lebe ich hier, aber dass ich Glück hatte, würde ich nicht behaupten. Mein Glück liegt unter einem Grabstein in Wien. *That's all.*« Er drückte seine Zigarette aus. »Ohne den Einsatz der jüdischen Gemeinde gäbe es nicht einmal dieses Grab.«

So plötzlich, wie die Geschichte endete, wechselte Paul das Thema. Er erzählte mir von seinem Leben in Dallas. »Weißt du, ich male Werbeschilder, so ähnlich wie dieser Andy Warhol. Aber ich kriege nur ein paar lumpige Dollars für mein Gepinsel, und der sackt Millionen für diesen Bullshit ein.«

Ich wollte noch mehr über ihn erfahren und fragte noch ein paar Mal nach, aber er blockte ab, er wollte einfach nicht mehr. Sein linkes Bein zitterte und sein Augenlid zuckte.

»Es ist vorbei Max, lassen wir die Vergangenheit ruhen«, murmelte er.

Ich fühlte mich, als hätte ich ein spannendes Buch gelesen, aus dem jemand die letzte Seite herausgerissen hatte. Aber ich wagte nicht, noch mal nachzufragen. Aus purer Verlegenheit schrieb ich beim Abschied meine Telefonnummer auf einen Zettel. Ich ahnte nicht, welche Bedeutung dieser Zettel für Paul Lehmann noch haben sollte.

Ein paar Monate später hatte mich der journalistische Wahnsinn an die obersten Sprossen der Karriereleiter genagelt. Nach einer dieser elendslangen Redaktionskonferenzen kam ich völlig fertig nach Hause. Ich hatte mir einen *Cuba Libre* gemixt und drehte langsam und bedächtig eine dunkle, kubanische Zigarre über einem brennenden Zedernholzspan. Langsam entfaltete sich das Aroma der Havanna im Raum.

Plötzlich läutete das Telefon. »Hallo Max, ich bin's, Paul Lehmann«, sagte die Stimme. »Ich bin am Flughafen, kannst du mich hier abholen?«

»Paul?«, fragte ich überrascht, »du bist am Flughafen? Hier in Wien?«

»Ja, in Wien! Bitte frag nicht lange, Max, komm einfach her und hol mich ab. Mach schnell, bitte!«, antwortete er ungeduldig. Seine Stimme klang undeutlich. So als hätte er getrunken.

Ich raste sofort zum Flughafen. Wenn Paul in der Ankunftshalle nicht nach mir gerufen hätte, wäre ich an ihm vorbeigelaufen. Ich hätte ihn fast nicht erkannt. Sein Gesicht war auf der linken Seite völlig starr. Und außerdem hatte ich nicht damit gerechnet, dass er in einem Rollstuhl sitzen würde.

»Ich hatte wieder einen Schlaganfall«, flüsterte er, »meine linke Seite ist tot, und bevor ich ganz über die Klinge springe, will ich das

Grab sehen. Kannst du mich da hinfahren?« Er drückte mir einen Zettel in die Hand.

Ich fuhr mit Paul zum Zentralfriedhof, direkt zum Tor vier, schob ihn den Weg entlang bis zur dritten Abzweigung nach links, blickte auf seinen Zettel, orientierte mich kurz und bog nach drei Abzweigungen rechts ein.

»Hier ist es, bleib stehen, bleib stehen!« Paul hob den rechten Fuß vom Trittbrett seines Rollstuhls und stieß ihn in den knirschenden Kies. »Da ist es!«, rief er und zeigte auf einen kleinen grauen Grabstein. Ich schob ihn näher heran.

Pauls linkes Lid zuckte. Er trocknete mit dem Handrücken seine Augen und ein halbes Lächeln ließ seine rechte Gesichtshälfte erstrahlen. Er starrte auf den Grabstein mit den verwitterten Goldlettern. Diesen Blick hatte ich schon in Dallas bei ihm gesehen. Damals hatte er durch mich hindurchgeschaut auf ein Bild, das weit in der Vergangenheit lag. Und genauso schaute er jetzt auf eine Zeit zurück, die längst Geschichte war.

»Samuel Singer 1893 – 1938« las ich auf dem Grabstein.

Paul kramte in der Jackentasche, beugte sich vor und legte ein kleines, hellbraunes Würfelchen auf das Grab. Es war eine halbe *Manner*-Schnitte.

Lores Terminator
Karsten Gebhardt

Vor dem Fernseher entgleisten ihre Gesichtszüge plötzlich, und sie starrte mich erschrocken an:

»Hast du«, keuchte meine Frau kurzatmig, »hast du das auch gehört, Erwin?«

Ich schrak hoch, horchte mit offenem Mund, doch da war nichts.

Sie übertreibt wieder, dachte ich genervt und hasste sie für die Unterbrechung.

Besonders in Actionszenen kollabierte sie regelmäßig, erdachte sich Ängste, die gar nicht existierten, nur um Aufmerksamkeit zu erhaschen.

»Nein, Lore, bitte lass mich den Film sehen.«

Eine Weile noch rollten nur ihre Augen, doch dann entspannte sie sich, griff beherzt in die Chipstüte auf dem Tisch, stopfte sich den Mund voll und malmte geräuschvoll mit ihren wuchtigen Kiefern.

Ich gluckerte was aus der Bierflasche hinunter, bevor ich wieder in meiner geliebten Couchposition erschlaffte, Beine gestreckt und die Arme angewinkelt unter dem Kopf.

»Ich komme wieder!«, drohte Schwarzenegger in seiner Rolle als Terminator gerade, als sie neuerlich erstarrte und sogar den Ton stumm schaltete:

»Da ist was, Erwin, ich habe es genau gehört.« Sofort hyperventilierte sie und fächelte sich mit der Hand Luft zu.

Ich zuckte nicht mal, schließlich kannte ich ihre Phobien. Außerdem knallte der Terminator gerade mit einem Truck durch die Scheibe einer Polizeistation.

»Das kommt vom Film«, beruhigte ich sie mit meiner nasalen Stimme, » und außerdem ...«

»Du und deine Actionfilme«, unterbrach sie hysterisch, »immer nur päng päng und balla balla. Da können Einbrecher den ganzen Keller ausräumen und du würdest nichts merken. Stell dir nur mal vor, ich wäre da unten im Waschraum, mitten beim Bügeln ...«, ihr Blick bekam Glanz, driftete ab, ebenso ihre Stimme, »... und da kommen so muskelbepackte Kerle, packen mich wehrlose Frau, reißen mir die Sachen vom Leib, um schmutzige Dinge mit mir zu machen. Wilde Barbaren ...«

»Lore, bitte«, appellierte ich an ihre Vernunft.

»... Barbaren, die mich einfach nehmen, schwitzend. Einer hält mich fest und der andere ...«

»Lore«, unterbrach ich amüsiert, »komm' wieder zu Vernunft!«

Keuchend erinnerte sie sich an meine Gegenwart und starrte mich an, als wäre ich ein schlechtes *Déjà-vu*.

Beinahe hätte ich aufgelacht bei der Vorstellung, Einbrecher könnten meine lockengewickelte Kittelschürzen-Lore für Triebspiele benutzen wollen, aber instinktiv wandelte ich das krampfhafte Zucken meiner Schultern in gekünstelten Husten um.

»Aber ich habe doch was gehört«, meinte Lore verwirrt.

»Da ist nichts«, reagierte ich genervt, »du hast dich einfach nur verhört.«

Wütend starrte sie mich an:

»Mach' ja nicht wieder dieses gelangweilte Gesicht, du weißt doch ... oh Gott ..., genau das meine ich. Guckst mich an, als ob ich blöde bin.«

»Aber Lore, beruhige dich. Du bist nicht blöde. Du bist doch ..., du bist ..., bist ...«

»Na, was bin ich?«, fragte sie und starrte mich lauernd an.

Ich fühlte mich in die Enge gedrängt, mein Puls wurde schneller. Fieberhaft dachte ich nach, kombinierte mögliche Antworten und versuchte in der Zwischenzeit einen Blick voller Liebe.

Mein Engel, könnte ich sagen, aber das war sie mal vor zwanzig Jahren, schlank und elfenhaft.

Unbrauchbares Vokabular.

»Mein Schneeflöckchen«, hatte ich ihr mal vor Urzeiten ins Ohr geflüstert, doch es jetzt zu verwenden, könnte fatal sein, wo sie doch mehr einer Lawine glich und ausreichend emanzipiert war, ihr Spiegelbild zu begreifen.

Unauffällig schielte ich zum Fernseher, wo Arnold gerade treffsicher terminierte.

»... meine Frau«, schlug ich vor und hielt den Atem an.

Sie bewegte unruhig ihren Kopf wie beim Schlangentanz, schleiereulengleich, bevor sie zufrieden dreinblickte. Offensichtlich hatte ich die Kurve gekriegt.

»Na ja, guck halt deinen Actionfilm. Ich geh' mal in den Keller, nachschauen.«

»Du bist ein Schatz«, rief ich ihr glücklich hinterher und schaltete den Ton wieder ein.

Eine Stunde später war alles terminiert, sogar Arnold selbst, im Showdown unter Tonnen von Stahl zerquetscht.

Ich gähnte müde, wünschte mich nur noch ins Bett mit meiner schnarchenden Lore.

Überhaupt, wo blieb sie eigentlich?

Beklommen richtete ich mich auf, schaltete den Fernseher aus und horchte.

»Lore?«

Keine Antwort.

Das Kühlschrankaggregat sprang an.

War das ein Schuss?

Geräuschvoll schluckte ich, traumatisiert von Arni, dem Killerroboter. Meine Sinne waren geschärft, adrenalingeflutet und aufgeputscht.

»Looore!«, schrie ich mit überschnappender Stimme, so laut ich konnte.

Totenstille.

Spontan spürte ich Gänseschauer, gepackt von Lores Ängsten, die ich plötzlich zu glauben bereit war. Womöglich hatte sie tatsächlich Einbrecher überrascht, lag vielleicht irgendwo auf dem Boden. Blutüberströmt. Oder sie waren noch dabei, sie zu v ..., vö ..., verführen.

Ich erstarrte, wurde kreidebleich.

Mit einem Fleischklopfer bewaffnet zitterte ich mich über die Treppe in den Keller hinunter, tauchte ein in die Rabenschwärze unseres Souterrains, und traute mich nicht, das Licht einzuschalten. Die Verbrecher könnten ja noch da sein und mich erwarten, bereit für einen finalen Schuss.

'Dein Leben geht vor' empfahl mein Verstand.

'Man lebt nur einmal', schrie der Mut, 'sie ist deine Frau, sei wie der Terminator!'

Dessen verlöschenden Glutblick hatte ich nicht vergessen.

Blind tapste ich an der Wand entlang, ertastete den Türdrücker zur Garage und öffnete. Licht drang durch den Spalt, an die Wand gelehnt hielt ich inne, hörte seltsame Töne:

»Pfff ..., aahhh ..., pfff ...«

Oh Gott, sie folterten, mutmaßte ich, lugte vorsichtig um die Ecke und erschrak.

Lore stand im gleißenden Neonlicht, mitten in der Garage und bei geöffnetem Tor, bügelte auf dem aufgebauten Brett und pendelte den Armschwung mit ihrem Gesäß kokett aus.

Mir dämmerte es: Sie wollte offensichtlich überrascht werden. Das Luder erhoffte sich ein Tête-à-Tête mit dunklen Gestalten.

Na warte, dachte ich rasend vor Wut, du sollst deinen Einbrecher bekommen.

'Nur nicht die Nerven verlieren', mahnte mein Verstand.

'Ja, mach' sie fertig, die Schlampe', putschte der Mut.

Trotz meines Gehirnsabbers gelang mir ein behutsamer Türverschluss, ich schlich hoch in die Garderobe, kramte meine Pudelmütze aus dem Wandschrank und zog sie über.

Den Weg um das Haus zur Garage fand ich auch im Dunkel der Nacht. Im Schatten des Tores schlich ich näher heran, hangelte nach dem Lichtschalter und schaltete aus.

»Huch, ein Einbrecher«, piepste Lore erschrocken, bemüht, mich, ihren Mann, den sie oben bei Terminator wähnte, nicht zu alarmieren.

Sofort war ich bei ihr, packte sie und drückte ihren Leib gegen die Wand:

»Keinen Mucks«, hechelte ich mit verstellter Stimme, wütend und erregt zugleich.

Bereitwillig streifte sie ihr Kleid hoch ...

Später lag ich im Bett, erschöpft, und wartete auf Lore.

Als ich sie hörte, mimte ich den Schlafenden, was mir schwer fiel, so erregt, wie ich noch war.

Erst als sich ihre Matratze spürbar senkte, gähnte ich geräuschvoll:

»Da bist du ja endlich«, murmelte ich, »und, hast du Einbrecher gesehen?«

»Och Mann, du hast recht gehabt. Einbrecher in unserem Haus, so ein Quatsch.«

»Na komm«, animierte ich lüstern, »irgendetwas muss ja gewesen sein, so lange, wie du weg warst.«

»Jetzt fantasierst du aber«, lallte sie zufrieden, »na gut, ich spinne mit: Ich habe gebügelt, dann kam da so ein Einbrecher, sehen konnte ich ihn nicht, hat das Licht sofort ausgeschaltet. Mann, der war gut. Hat mich einfach genommen. Ein geiler Sex, sage ich dir ...«

Ich grinste anzüglich und spürte erneute Manneskraft ...

»... dann kam später noch einer, trug eine alberne Pudelmütze. War auch nett, konnte aber mit seinem Vorgänger nicht mithalten.«

Helle Fenster
Andreas Ballnus

Es war in einer kalten, klaren Novembernacht, als es an meiner Tür klingelte. Mürrisch warf ich einen Blick auf den kleinen Wecker, der neben meinem Computer stand – es war kurz vor halb drei. Auch, wenn ich öfter um diese Zeit noch wach bin, so kann ich es trotzdem überhaupt nicht leiden, wenn ich dann gestört werde. Zum Glück kamen solche nächtlichen Belästigungen eher selten vor. Ich atmete einmal tief durch, bevor ich aufstand, zur Wohnungstür ging und öffnete. Im Treppenhaus stand eine junge Frau, vielleicht gerade mal achtzehn Jahre alt. Ihre Wangen waren leicht gerötet. Unter einer grob gestrickten Wollmütze fielen lange blonde Haare auf die schwarze Stola, die sie sich um die Schultern geworfen hatte. Ihre Füße steckten in einem Paar ausgetretener Hausschuhe. Ich hatte diese Frau noch nie zuvor gesehen.

»Hallo, störe ich sehr? Ich hab gesehen, dass bei dir noch Licht brennt, und da bin ich neugierig geworden und hab mich gefragt, wer da wohl noch um diese Zeit wach ist.«

»Ich ... äh ... ich arbeite. Aber sagen Sie mal, was ... ich meine, wieso ...«

»... wieso ich hier bin?«, fiel sie mir strahlend ins Wort. »Ich sagte doch: aus purer Neugierde. Ich wohne im Block gegenüber, und wenn ich nachts nicht schlafen kann, setze ich mich oft ans Fenster und schau einfach so in die Nacht hinaus. Und dann sehe ich immer wieder dein helles Fenster. Weißt du, dass es oft das einzige in diesem Haus ist, wo um diese Zeit noch Licht brennt? Ich bin neugierig geworden, und nun bin ich da.«

Während sie sprach, schaute sie an mir vorbei und versuchte ein paar Blicke von meiner Wohnung zu erhaschen. Sie redete sehr schnell, wirkte aber nicht hektisch, höchstens ein wenig aufgeregt.

»Sie scheinen öfters mal Schlafstörungen zu haben«, sagte ich gereizt. »Sagen Sie mal, machen Sie das immer? Ich meine, gehen Sie immer auf diese Art und Weise und zu dieser Zeit Leute besuchen?«

»Nein«, lachte sie. »das ist jetzt das erste Mal. – Du, ich darf doch reinkommen, nicht wahr? Es ist ziemlich kalt draußen und ich bin etwas durchgefroren.«

Ohne eine Antwort abzuwarten, schob sie sich an mir vorbei und ging in meine Wohnung.

»Komm mal ans Fenster!« rief sie gleich darauf aus dem Wohnzimmer. »Ich habe bei mir extra das Licht brennen lassen. Siehst du, da im neunten Stock? Es ist auch das einzige Fenster, wo noch Licht brennt. Du wohnst hier im zwölften, stimmt's? Ich hab lange suchen müssen und die ganze Zeit über Angst gehabt, dass ich die falsche Wohnung erwische. Ich habe immer daran denken müssen, was ich wohl tun würde, wenn da plötzlich jemand im Pyjama und mit verschlafenem, grimmigem Gesicht die Tür öffnen würde. – Du sagtest, du arbeitest. Was machst du?«

In mir brodelte es. Ich ballte einige Male hinter meinem Rücken die Fäuste, um die Beherrschung nicht zu verlieren, und verfluchte mich selber, weil ich mich derart hatte überrumpeln lassen und diese Frau auch jetzt noch weiter gewähren ließ.

»Ich schreibe. Gedichte, Lieder, Geschichten und so was. Aber nun sagen Sie mal ehrlich, finden Sie nicht auch, dass ...«

»Du bist Schriftsteller? Das finde ich ja irre! Darf ich etwas von deinen Sachen lesen? Hast du schon viel veröffentlicht? Müsste ich dich etwa kennen? Das wäre mir dann echt peinlich, weißt du. Andererseits wäre das auch wieder total krass. Würdest du dir mal was von meinen Texten anschauen? Ich schreibe nämlich auch gerne. Am besten kann ich das, wenn ich im Café sitze. Warum arbeitest du eigentlich nachts?«

Ich schaute sie entgeistert an. Dieser jungen Frau schien überhaupt nicht klar zu sein, was für ein Theater sie veranstaltete, und dass sie kurz davor war, bei mir einen Tobsuchtsanfall schlimmsten Ausmaßes auszulösen. Doch irgendetwas hielt mich davon ab, sie lautstark aus der Wohnung zu schmeißen. Das, was hier gerade passierte, begann mich langsam in seinen Bann zu ziehen.

»Nachts ist es ruhiger im Haus«, antwortete ich stattdessen und legte besonders viel Betonung auf das Wort »ruhiger«. »Außerdem mag ich die Atmosphäre der Nacht. Dafür schlafe ich bis zum Mittag.«

»Ja, das kenne ich auch. Ich schlafe auch oft sehr lange, aber nicht weil ich nachts arbeite, sondern weil ich sonst nichts zu tun habe und weil ich ja nachts oft nicht schlafen kann. Kannst du von dem leben, was du da machst, oder hast du noch irgendwie einen anderen Job?«

Während sie mit mir sprach, ging sie ganz ungezwungen durch meine Wohnung und sah sich überall um. Dann setzte sie sich an meinen Schreibtisch und blätterte in den dort liegenden Manuskripten.

»Soll, das ein Buch werden?«

»Lassen Sie das bitte liegen! Ich mag es nicht, wenn man einfach so in meinen Sachen rumwühlt«, polterte es aus mir heraus.

Sie schaute mich leicht irritiert an, legte das Manuskript auf den Schreibtisch zurück, ging zu meinem Sofa, setzte sich und beobachtete mit einem leichten Lächeln, wie ich sorgsam die Papiere wieder übereinander legte. Meine Gedanken rasten einem aufgeschreckten Vogelschwarm gleich durch meinen Kopf. Nur langsam gelang es mir, sie zumindest ein wenig zu ordnen und zu beruhigen.

»Sie sagten, Sie hätten sonst nichts zu tun. Haben Sie keine Arbeit oder so was?«

»Ich? Ich mache zurzeit gar nichts. Ich hab mal in 'nem Jeansladen gearbeitet, aber das war mir zu öde. Jetzt kriege ich Hartz IV.«

»Hast du ... haben Sie keine Lust, eine Lehre anzufangen?«

»Eine Lehre? Nee, da verdiene ich ja nichts. Ich wohn' doch alleine und muss selber das Geld für Wohnung und Essen zusammen kriegen! – Sag mal, hast du Hunger? Ich kriege nachts öfter mal Hunger. Hast du irgendwelche Sachen da? Ich kann echt gut kochen!«

Ohne eine Antwort abzuwarten, ging sie in meine Küche. Nach ein paar kurzen aber gründlichen Blicken in meinen Kühlschrank und einige Schränke, begann sie Omeletts zu machen. Dabei redete sie unaufhaltsam weiter. Ich stand währenddessen in der Küchentür, beobachtete sie und kam mir vor, wie der letzte Idiot. Mir war es unbegreiflich, warum ich das alles mit mir machen ließ, und warum ich nicht schon längst einen Schlusspunkt unter diese unwirkliche Situation gesetzt hatte. Diese Frau verhielt sich so, als würden wir uns schon seit Jahren kennen. Sie erzählte von ihrer chronisch kranken Mutter, für die sie zu sorgen hatte; von ihrem Bruder, der bei einem Verkehrsunfall ums Leben gekommen war; von ihrem Vater, von dem keiner genau wusste, wo er steckte; von ihrem bisher einzigen Job in dem Jeansladen und von noch so vielen anderen Dingen, die sie erlebt hatte und die mich eigentlich gar nicht interessierten.

»So, fertig!«, unterbrach sie ihren eigenen Redefluss und riss mich aus meinen Gedanken.

Ich hatte gar nicht bemerkt, wie die Zeit vergangen war. Wir setzten uns an den Küchentisch und aßen. Die Omeletts schmeckten wirklich gut. Doch richtig genießen konnte ich sie nicht, da ich zu sehr damit beschäftigt war, alles, was hier gerade geschah, zu begreifen und für mich zu sortieren.

So vergingen fast zwei Stunden. Ich kam in dieser Zeit kaum zu Wort. Dann stand sie plötzlich auf und ging aus der Küche.

»Na, dann werde ich jetzt mal wieder gehen. Den Abwasch kriegst du doch selber hin, oder? Tschüss, und schlaf gut!« rief sie mir noch aus dem Flur zu, bevor sie die Wohnungstür hinter sich ins Schloss zog.

Ich blieb völlig verdattert an meinem Küchentisch sitzend zurück. Erst langsam tauchte ich aus den Eindrücken der vergangenen Stunden wieder auf. Nachdenklich ging ich in mein Wohnzimmer. Am Fenster blieb ich stehen und ließ meine Blicke durch die Nacht gleiten. Nach einiger Zeit erlosch das einzige erleuchtete Fenster in dem Haus auf der anderen Straßenseite.

Es fing schon an zu dämmern, als ich wenig später ins Bett ging. Doch es dauerte noch lange, bis ich wirklich eingeschlafen war. Zu sehr kreisten meine Gedanken um diese junge Frau, deren Namen ich noch nicht einmal kannte. Aber ihr Fenster habe ich mir gemerkt. Vielleicht besuche ich sie auch einmal. – Nachts, wenn ihr Fenster das einzige erleuchtete im Block gegenüber ist.

Der letzte Kuss
Dirk Ganser

Das Meer sang sein leises Lied am Ufer der Steilküste. Der Sonnenuntergang unterstrich dies mit dem schimmernden Tanz seines Farbenspiels. Ein alter Mann folgte dem Sirenengesang der Natur. Seine Schritte waren unsicher, die Schultern gebeugt von der Last der Jahre, die er wie einen dunklen und schweren Mantel trug. Verwirrt blickte er umher.

Was suchte er hier?

Wo war dieses Hier denn überhaupt?

Er wusste es nicht, aber da war dieses drängende Gefühl in ihm, dass hier etwas Wichtiges passieren würde. Oder bereits passiert war? Der alte Mann runzelte die Stirn in dem Versuch, seine Gedanken zu ordnen, als er etwas sah, was ihn erneut verwirrte.

Umschmeichelt von den Pastellfarben des Sonnenuntergangs, entdeckte er zwei Gestalten vor sich am Ufer. Schattenhaft und doch irgendwie bekannt. Eng umschlungen standen sie an dem Punkt, wo das Meer mal sanft, mal fordernd das Land wie einen lange vermissten Geliebten liebkoste. Eine innige Vertrautheit, die nur ein unermesslicher Reichtum an gemeinsamen Tagen und Erlebnissen ausdrücken kann, ging von diesen Schatten aus.

Langsam bewegte sich der alte Mann auf die beiden zu und sah, dass eine der beiden Gestalten eine Frau mit weißen Haaren war. Ihre Lippen bewegten sich, doch das sanfte Rauschen des Meeres und des Windes verschluckten jeden Laut, der sie verlassen haben mochte. Die zweite Gestalt, erkannte der Alte, war ein Mann, der ihm vage bekannt vorkam. Der Blick dieses Mannes drückte eine Art verzweifelter Gewissheit aus und ein eiserner Ring legte sich dem Alten um die Brust. Ein heißes Brennen stieg in seine Kehle. Sanft glitten die beiden Gestalten vor dem Alten auf den Boden herab.

Zärtlich hauchte die Frau dem Mann einen Kuss auf die Stirn.

Das Gefühl des Vertrauten wurde für den Alten zu einer schmerzhaften Erkenntnis. Er war sich sicher, diese beiden Gestalten zu kennen. Er wusste bestimmt, wer das dort war und was es mit ihrem Verhalten auf sich hatte. Doch jedes Mal, wenn er glaubte, den Gedanken der Erkenntnis endlich ergriffen zu haben, entwand er sich seiner Aufmerksamkeit wie ein kleines Stück Morgennebel, der vor dem hellen Licht der aufgehenden Sonne flüchtet. Einzig das Gefühl, dass die Frau immer noch versuchte etwas unendlich Wichtiges zu sagen, blieb in ihm zurück. Sie hielt zitternd die Hand des Mannes, der dem Alten so bekannt vorkam. Schließlich schloss die Frau in einer resignierten Geste die Augen.

Das Gefühl im Herzen des alten Mannes verdichtete sich zu einer schrecklichen Gewissheit und die beiden Gestalten begannen zu verblassen. Scharf biss der Wind in seine nassen Wangen. Er spürte über das Rauschen des Windes hinweg gehauchte Worte.

»Gib mir bitte noch einen letzten Kuss.«

Das Gesicht des alten Mannes verzog sich, seine Lippen öffneten und schlossen sich, aber sie schafften es nicht, ein Wort zu formen. Zitternd hob er eine Hand, versuchte mit schwankenden Schritten die beiden Schatten zu erreichen, um endlich Gewissheit zu erlangen. Er wusste, sobald er eine der beiden berühren würde, käme die alles erklärende Erkenntnis, und sie würde sich ihm nicht mehr entziehen können. Aber wie sehr er sich auch bemühte, er blieb immer einen Schritt zu weit entfernt.

Schließlich blieb er stehen.

Das Meer sang sein Lied und die Zeit wurde zu einer Erinnerung der Ewigkeit.

Er hockte im nassen Sand und in seinen Armen lag die Frau.

Er erkannte sie und doch blieb sie ihm irgendwie fremd. Es war etwas Vertrautes an ihr, das ihn dazu brachte, sich zu ihr herab zu beugen. Die Lippen des Alten spitzten sich zu einem sanft gehauchten Kuss.

Einem letzten Kuss.

Eine Stimme riss ihn in die Wirklichkeit zurück.

»Herr Weber? Wir müssen nun reingehen, es gibt gleich Abendbrot.«

Der alte Mann hob den Kopf. Neben ihm stand ein junger Bursche in einem weißen Kittel. Die Gestalten aus den Schatten seiner Erinnerung verschwanden und er hockte alleine im nassen Sand, die Arme in einer sinnlosen und leeren Geste geöffnet, als würde er einen unsagbar wertvollen Schatz in ihnen halten.

Was machte er hier?

Hilflos wie gefangene Vögel flatterten Gedanken und Worte durch sein Innerstes. Er bekam sie einfach nicht zu fassen und stumpfe Laute purzelten hilflos aus seinen tauben Lippen. Das Meer rauschte sein melancholisches Lied, der Sonnenuntergang spielte mit verträumten Farben und er jagte im Geiste diesen Worten hinterher, die ihn verhöhnten und immer wieder wegtauchten, sobald er sie beinahe zu fassen bekam.

Langsam stand er auf und folgte dem Weißkittel.

Eine einsame Träne rollte über die Falten seines Gesichts.

Der Sonnenuntergang wich Wänden, in der Farbe alten Herbstlaubs. Das Rauschen des Meeres wurde vom Summen kalten Lichts verdrängt. Der Geruch nach langsamem Sterben lag in der Luft. Plötzlich erzitterte er.

Sterben?

Da war er!

Der Gedanke!

Er wollte ihn dem Mann im weißen Kittel sagen. Er wusste, dieser Gedanke war von so eminenter Wichtigkeit, dass er einfach zu groß war, um in Worte gekleidet zu werden. Doch er musste es einfach versuchen. Sein Leben hing davon ab. Die Hand des Alten krallte sich in den glatten Stoff des Kittels, seine Augen waren in plötzlichem Verstehen weit aufgerissen.

"Frauledzderkuss!«

Weißkittel nickte, aber er verstand nicht.

Noch einmal versuchte der alte Mann seinen Gedanken in Worte zu fassen, den Lauten seiner Stimme Nachdruck zu verleihen … doch das drängende Gefühl verschwand so schnell, wie es gekommen war. Er sackte langsam in sich zusammen und ergab sich einer Welt, die er nicht mehr verstand.

War da eben nicht noch ein Gedanke gewesen?

Ein so enorm wichtiger Gedanke, dass er fast seinen Kopf zum Platzen gebracht hatte?

Ein tiefer, zitternder Atemzug.

Das drängende Gefühl verschwand endgültig. So schnell, wie es gekommen war, hinterließ es nur eine gähnende Leere in seinem Kopf. Der alte Mann ließ müde seine Schultern hängen.

Was war doch gleich noch so wichtig gewesen?

Was hatte es mit diesem Kuss auf sich?

Der alte Mann erinnerte sich nicht mehr.

Hans im Unglück
Katrin Lachmann

Alles nahm seinen Anfang, als unser Nachbar seine Wirtschaft verkaufte, das letzte Gehöft im Urzustand einer Hundert-Seelen-Gemeinde.

Im Sommer 1983 zog Hans mit seinen Eltern dort ein. Das war der Beginn einer tiefen und einmaligen Freundschaft. Die ging sogar so weit, dass wir alles daran setzten, Blutsbrüder zu sein.

Eines Tages zog Hans aus seiner Hosentasche ein Taschenmesser, klappte es auf und gab es mir. Mit einem Ruck zog ich die Schneide über den Daumen. Ein dicker Blutstropfen quoll hervor. Ich war stolz auf mich. Hans nickte anerkennend. Seinen Schnitt begleitete er mit einem leisen »Aua!« Beide Daumen pressten wir zusammen. Laut schworen wir uns ewige Freundschaft. Die krumme Kiefer am Rand einer Heidefläche war unser Zeuge.

Ein viertel Jahrhundert später waren wir immer noch Freunde und Nachbarn.

Hans wurde mit Leib und Seele Bauer. Neben seinen Feldern nannte er Hühner, Enten, Gänse und Hermelin-Zwergkaninchen sein Eigen.

Diese Rasse, die er besonders schätzte, zeichnete sich durch ein schneeweißes Fell, einen schwarzen Schwanz und hellblaue Augen aus. Mit dem Rammler Bob gewann Hans alles, was es zu gewinnen gab.

Ich mochte diese Tiere nicht besonders. Außer Bob. Er war etwas ganz Besonderes. Wenn ich in der Nähe der Ställe war, trommelte er mit seinen Vorderpfötchen ans Holz, bis ich den Verschlag öffnete. Seine blauen Augen schauten mich an. Langsam kam er an den Rand des Stalles und wartete, bis ich ihn streichelte.

Meine große Leidenschaft war die Jagd. Sie bestimmte mein Leben. Frei nach dem Motto: 'Jagd ohne Hund ist Schund!' kaufte ich mir Flic, einen Deutsch Drahthaar. Die Brauchbarkeitsprüfung für Jagdhunde bestand er in allen Disziplinen mit Bravour.

Hans war auf meinen neuen Begleiter nicht gut zu sprechen. Er hatte Angst um seine Tiere, besonders wegen der gefragten Hermelin-Kaninchen. Jeden Tag kontrollierte er die Zäune. Seine hoch dotierten Hasen sicherte er zusätzlich.

Ich belächelte ihn bis zu dem Tag, als Flic mit Bob im Maul vor mir stand. Meine Beine nahmen die Konsistenz von Pudding an. Wie ein Fisch auf dem Trockenen schnappte ich nach Luft.

Flic wedelte mit dem Schwanz, legte mir das Kaninchen, welches er ordentlich im Dreck gewälzt hatte, vor die Füße und setzte sich daneben. Er wartete auf seine Belohnung und ich wartete darauf, dass sich Bob bewegte. Diesen Gefallen tat er mir nicht. Meine Hand griff dem Kaninchen ins Genick und hielt es mir vor die Nase. Hier half kein Tierarzt mehr. Das war so sicher wie das Amen in der Kirche!

Die toten wasserblauen Augen schauten mich strafend an. Ich untersuchte Bob genau. Er hatte keine sichtbaren Wunden. Es konnte nur ein Herzinfarkt gewesen sein, schreckhaft, wie diese Tiere waren. Diese Erkenntnis brachte mich nicht wirklich weiter.

Was sollte ich tun? Ich konnte unmöglich mit dem verdreckten Bob vor Hans' Tür stehen und sagen: »Es tut mir leid! Flic hat deinem Preisträger zu einem Herzinfarkt verholfen.« Das ging beim besten Willen nicht. Es musste eine andere Lösung her. Solange ich nach einem Ausweg suchte, verbannte ich Flic in den Zwinger. Beleidigt legte er sich in die Ecke und drehte seinen Kopf von mir weg.

Bob lag auf dem Küchentisch. Es würde mir wohl nichts anderes übrig bleiben, als ihn doch zurückzubringen. Aber nicht in diesem Zustand. Das schneeweiße Fell musste wieder schneeweiß sein.

Ich ging mit ihm unterm Arm ins Bad und legte ihn behutsam ins Waschbecken. Wasser allein würde mit Sicherheit nicht helfen. Mein Blick fiel auf die Shampooflasche. Darauf stand: *revitalisiert, kräftigt und stärkt für mehr Dichte und Fülle – geschwächtes, kraftloses oder dünnes Haar.* Das Richtige für mich, aber für Bob? Ich schaute zu ihm runter. Sein Fell war nur schmutzig. Auf dem Shampoo meiner Frau las ich: *pflegt, verleiht Schwung, Spiegelglanz, Seidengefühl.* Das kommt der Sache schon näher. Nur überzeugte es mich nicht. Im Schrank fand ich ein Waschmittel für Wolle und Feines: *pflegt sanft und weich, ohne zu verfilzen.* Aber hier musste was Stärkeres her. Der Dreck würde sich nicht so leicht rauswaschen lassen. In der hintersten Ecke des Schrankes fand ich das Waschpulver mit Weißverstärker: *verhindert Grauschleier, erhält die Brillanz weißer Farbe – dieses Waschmittel ist dermatologisch getestet.* Perfekt!

Zuerst duschte ich ihn in der Wanne. Der gröbste Schmutz verschwand im Abfluss. Dann verteilte ich das Pulver gleichmäßig im Fell und begann zu rubbeln. Der Schaum bedeckte nicht nur Bob, sondern füllte die Wanne. Ich hatte es zu gut gemeint. Doch das Ergebnis dieser Prozedur konnte sich sehen lassen. Bob kam wieder ins Waschbecken. Vorsichtig drückte ich das Wasser aus seinem Fell. Mit der einen Hand griff ich nach dem Badetuch und mit der anderen das Karnickel. Ich rubbelte ihn handtuchtrocken. Sicher konnte ich ihn nicht mehr zum Leben erwecken, aber er sollte wieder hübsch weiß sein. Aus der Halterung nahm ich den Föhn und trocknete das Fell. Endlich war Bob wieder strahlend weiß und flauschig. Und er duftete nach Lotusblüte.

Nun war der Augenblick gekommen, wo sich herausstellen sollte, wie viel unsere Freundschaft aushalten würde.

Bob legte ich wie ein schlafendes Kind in meinem Arm und ging zum Nachbarhaus. Vor der Haustür verließ mich der Mut. In der Spiegelung der Glasscheibe glaubte ich das Gesicht meiner Oma zu erkennen. Ihr Lieblingsspruch kam mir in den Sinn:

»Freundschaft ist eine zarte Pflanze, die gehegt und gepflegt werden muss, sonst geht sie ein.«

Das gab mir den Rest. Rückwärts entfernte ich mich von der Tür. In meinem Sichtfeld erschienen die Karnickelställe. Wie vom Teufel verfolgt, rannte ich hinüber. Riss den Verschlag auf. Schmiss Bob hinein. Mit einem lauten Knall war das Türchen wieder zu.

Nein, so konnte ich ihn nicht liegen sehen. Ich machte das Türchen auf und brachte ihn in eine sitzende Position. Wenn ich nicht gewusst hätte, dass er tot war, ich hätte schwören können, dass er lebte.

Mein Herz schlug bis zum Hals. Kalter Schweiß lief mir die Schläfen herunter. Ich machte kehrt und ging zu meinem Haus zurück.

In der Küche goss ich mir zitternd ein Glas Wasser ein. Ohne zu verschütten, stellte ich es auf den Tisch und ließ mich auf den Stuhl plumpsen. Das laute Ticken der Küchenuhr machte mir klar, wie vergänglich alles war. In der stummen Melancholie verlor ich jegliches Gefühl von Zeit.

Das Läuten der Haustürglocke stieß mich brutal in die Wirklichkeit zurück. Im Dunklen tastete ich mich zur Tür und öffnete. Hans stand vor mir. Schwer atmend und blass. Schweiß glitzerte im Gesicht. Sein Arm schob mich von der Tür weg. Schweigend ging er in die Küche und setzte sich mit dem Rücken zu mir. Mein Herzschlag stolperte. Die Knie schlugen aneinander. Hans drehte leicht seinen Kopf in meine Richtung. »Ich brauch 'nen Schnaps!«

»Schnaps, du?«, antwortete ich überrascht. Hans trank nie etwas Stärkeres als Bier.

»Du hast doch irgendwo 'ne Flasche. Oder?«

»Ja, klar. Ich hol sie.« Meine Füße verhedderten sich und zankten, wer den nächsten Schritt tun sollte. Aber ich schaffte es, meine Flasche aus dem Versteck zu holen und stellte sie auf den Tisch.

Hans starrte vor sich. Vorsichtig schob ich ihm ein Schnapsglas hin. Er sagte immer noch nichts. Meine Nerven hielten das nicht länger aus. Ich öffnete die Flasche und goss das Glas halb voll. Hans schaute mir in die Augen. »Das reicht nicht! Voll!« Sein Telegrammstil irritierte mich. Ich erfüllte ihm seinen Wunsch.

Die Flasche gluckerte.

Das Glas gefüllt.

Mein Freund griff danach und betrachtete den Schnaps. Seine Finger drehten das schlichte Glas hin und her. »Einen Braunen? Ekelhaft dieses Zeug!« Mit einem Hieb war er in Hans Mund verschwunden. »Ah, das brennt! Noch einen!« Ohne zu fragen, goss ich nach. Wieder drehte er sein Glas zwischen den Fingern. »Ich muss dir was erzählen!« Seine Hand zitterte. Ein Teil des Hochprozentigen ergoss sich auf das alte Wachstuch. Mit seinen schmutzigen Fingern tippte er in die Lake. »Mein Bob ist tot.«

Jetzt war es soweit! Mir wurde schwindlig. Vom Bauch her breitete sich Leere aus. Ich setzte mich Hans gegenüber.

»Gestern Morgen fand ich ihn tot im Stall. Einfach so!« In Hans Augen sah ich Tränen schimmern.

»Ich hab ihn genommen und dort wo die krumme Kiefer mal stand, da hab ich ihn verbuddelt.« Mit dem Handrücken strich er sich über die Wangen. »Vorhin mach ich den Stall auf und da saß er wieder, strahlend weiß. Du, normalerweise rieche ich ja nicht an meinen Hasen, aber der hat gerochen … Meine Hasen riechen nach Hasen, manchmal auch nach Pisse, aber nicht nach Lotus.« Hans' Augen waren weit aufgerissen. Er griff nach meiner Hand und hielt sie fest. Sie war kalt und schwitzig. »Ich bin doch nicht blöde. Ich hab ihn eigenhändig verbuddelt.« Er ließ meine Hand los und wischte sich über die Augen. »Sag mir, wie kommt ein totes, verbuddeltes Vieh wieder in den Stall? Blütenweiß und duftend wie eine Nutte. Das ist doch unmöglich! Oder?« Mit einem Ruck hob er sein Glas und schluckte den Rest hinunter. »Noch einen!« Der dritte Schnaps verschwand im Schlund. »Hast du gehört? Das tote Vieh liegt wieder in meinem Stall.« Dabei starrte er seine Hände an.

Ich sah, wie eine Hand, die meine war, nach der Flasche griff. Ich machte mir nicht einmal die Mühe, mein Glas zu füllen, sondern setzte sie an und trank in großen Schlucken. Für einen Moment spürte ich eine trügerische Wärme im Bauch.

Aber der Braune konnte mir nicht helfen!

Das Ende einer Trennung
Wiebke Franke

»Ich glaube, ich will dich verlassen.« Und damit war die Beziehung vorbei. Ich spürte nichts mehr, nur noch, wie ich fiel. Ich fiel und fiel, ohne den Boden zu erreichen. Zehn Jahre meines Lebens wurden mit diesen Worten vernichtet.

In unserer Beziehung gab es viele Höhen und Tiefen, gute und schlechte Zeiten. Die ersten Tage nach diesem Satz dachte ich, es wäre nur ein weiteres Tief, hervorgerufen durch meine berufliche Krise und dem Wunsch, mit ihm Kinder zu kriegen. Ich glaubte fest daran, dass er wieder zurückkommen würde – bis er mir gestand, dass er eine neue Freundin hatte. Zehn Jahre jünger als ich – und er. Ich fiel weiter und weiter. Wollte es nicht wahrhaben. Nicht daran denken. Den Schmerz ignorieren. Nicht denken.

Die nächsten Wochen stürzte ich mich in die Arbeit, im Hinterkopf die Hoffnung, er würde zurückkommen, mich doch so sehr lieben wie ich ihn. Doch er kam nicht. Mit der Zeit wurde mir bewusst, dass ich wieder Single war. Dass ich genau dort war, wo ich nie wieder hin wollte: auf dem verhassten Singlemarkt. Die Konkurrenz in meiner Klasse (Mittdreißiger) war groß, die Auswahl gering. Eigentlich wollte ich niemand Neues, ich wollte meinen Ex, doch das ging nicht.

Mein Leben musste weiter gehen, ich musste aufhören zu fallen, und ein Ausweg war, jemanden finden, der meinen Fall stoppen würde. Oder zumindest bremsen. Doch wie ging das noch mal vor sich in der Singlewelt? Bevor ich meinen Ex kennen lernte war ich gerne Single gewesen, ich genoss die Freiheit und Ungebundenheit. Männer interessierten mich eher sporadisch, hier ein Flirt, da eine kurze Affäre, mehr nicht. Doch jetzt wollte ich etwas anderes. Ich wollte mein verlorenes Leben zurück. Ich wollte wieder eine Zukunft.

Meine Sicht auf die Männerwelt hatte sich in den letzten zehn Jahren verändert. Als ich noch gebunden war, habe ich meine Single-Freundinnen bemitleidet. Nicht weil ich davon überzeugt war, dass man nur in einer Beziehung glücklich sein kann, sondern wegen der Männer. Ich war so froh, den Richtigen für mich bereits gefunden zu haben, weil alles was da draußen so rumlief, eher abschreckend als anziehend auf mich wirkte. Jetzt, da ich selber wieder aus diesem Pool einen Mann fischen musste, betrachtete ich Männer anders.

Oberflächliches Interesse stand dabei im Vordergrund: Finde ich diesen Mann attraktiv? Wobei das natürlich immer so eine Sache ist. Menschen werden immer schöner für einen, wenn man sie mag. Und Liebe kann den hässlichsten Menschen in einen Adonis verwandeln. Doch daran dachte ich zu der Zeit nicht. Ich konzentrierte meinen Blick auf Männer, die mich äußerlich ansprachen. Doch nichts passierte. Kein Kribbeln im Bauch. Keine Neugierde, diese Männer kennen zu lernen. Geschweige denn, sie zu küssen oder zu lieben.

Mit der Zeit veränderte sich mein Blick auf die Männerwelt erneut. Ich betrachtete nicht mehr nur Männer, die mir äußerlich anziehend erschienen, sondern jeden, der mir begegnete. Sobald ich einen Mann sah, ging mir unwillkürlich ein Gedanke durch den Kopf: Kannst du dir ein Leben mit diesem Menschen vorstellen? Die Antwort war zu 100%: Nein. Ich konnte mir immer noch nur ein Leben mit meinem Ex vorstellen, auch wenn ich nicht mehr wusste, wie das denn aussehen sollte. Er hatte mich schließlich verlassen, belogen, ja vielleicht sogar betrogen. Dennoch, es war das Leben, das ich wollte, und da kam keiner gegen an.

Monate vergingen und ich konnte immer noch keinen Boden unter mir sehen. Ich wollte nicht mehr an meinen Ex denken. Nicht an unsere gemeinsame Zeit. Nicht an die Lügen. Ich wollte einfach nur, dass der Schmerz aufhörte. Ich beneidete Freundinnen, die sich mit einem One-Night-Stand nach dem anderen über gescheiterte Beziehungen hinweg trösten konnten. Doch das wollte mir nicht gelingen. Mein Blick auf die Männer beinhaltete die Aussicht auf ein gemeinsames Leben, das war alles, was ich wollte. Kein schnelles Vergnügen. Diese Fähigkeit hatten mir zehn Jahre Beziehung und

Treue genommen. Wenn ich einen Mann sah, versuchte ich mir ein Leben mit ihm vorzustellen, bevor ich entschied, dass es nicht mein Leben werden konnte.

Der Anzugträger, immer frisch rasiert und frisiert morgens auf dem Weg ins Büro. Wie war wohl ein Leben mit ihm? Geplant. Sauber. Ordentlich. Langweilig. Der südländisch und betont metrosexuelle Typ? Sehen und gesehen werden. Ausgehen. Statussymbol. Untreu. Nebensächlich. Der Akademiker? Kulturelle Veranstaltungen. Intelligente Gespräche. Kochen mit Freunden. Der unrasierte Rocker in seinen abgetragenen Klamotten? Keine feste Bindung. Seine Freiheit im Vordergrund. Männerabende. Der durchtrainierte Sportler? Joggen am Wochenende. Fitnessstudio. Salat. Der körneressende Öko? Naturprodukte. Bioladen. Birkenstock. Der Wissenschaftler? Der Punk? Der Religiöse? Der Tätowierte? Der Langhaarige? Der Fanatiker? Und immer so weiter.

Ich verlor mich in einer Welt aus Klischees. Jeder, den ich sah, spiegelte eine andere Welt wider, zu der ich nicht gehören wollte. Ich fragte mich, wo die normalen Menschen waren. Menschen, die in den Tag hinein lebten. Menschen, die ihre Überzeugungen nicht nach außen trugen. Leben und leben lassen.

Nach einer Weile hörte ich auf, Männer anzugucken. Ich sah nur noch Menschen um mich. Ich lebte wie ein Schatten mitten unter ihnen. Wurde erfolgreich in meinem Beruf, traf meine Freunde, ging weg und hatte mich äußerlich von der Trennung erholt. Innerlich jedoch fiel ich noch immer. Der Schmerz war ein Teil von mir geworden.

Monate waren seit der Trennung vergangen, als ich mit der Bahn von der Arbeit Heim fuhr. Ich war völlig in Gedanken versunken und merkte erst nach einigen Minuten, dass ich mein Gegenüber anstarrte. Verlegen lächelte ich ihn entschuldigend an. Er lächelte verständnisvoll zurück. Erst jetzt sah ich den Mann vor mir, und dennoch sah ich nichts, nicht mein Leben, nicht sein Leben und auch unser Leben nicht. Alles, was ich sah, war sein Lächeln und die Augen, die mich neugierig anschauten.

Ich spürte, wie mein Fall langsamer wurde. Meine Hand griff nach einem dünnen Ast – weit unter mir konnte ich den Boden erkennen.

Suche
Hella Scharfenberg

Du bist es, den ich meine,
blick ich zu manchem Mann.

Du weißt, dass Du alleine
mein König warst, doch dann
erschien der hellste Ritter,
den jemals ich geseh'n.
Die Reue schmeckt mir bitter.
Geschehen bleibt geschehn.

Wenn Lieben heißt Vergeben
vergib mir, lieb mich mehr.
In unsren nächsten Leben
sieh wieder zu mir her.
Ich werde Dich erkennen,
wer immer Du auch scheinst,
will Dich »Mein König« nennen,
Dir nah sein wie dereinst.

Ich weiß, dass ich Dich finde,
blick ich zu manchem Mann.

Cave Canem
Gaby Poetsch

»Du willst bitte was? Einen Hund?« Die bis an den Haaransatz hochgezogenen Augenbrauen und der Tonfall des Friseurmeisters Heribert Grantel versprachen größtmögliches Ungemach. Fassungslos blickte er seine Tochter an. Die zur Abwehr erhobenen Hände und der Ekel in seinem Blick verdeutlichten seine Meinung zu diesem Thema. Abscheu!

»Vom Erwerb eines solchen Tieres distanziere ich mich in aller Form! Wer hat dir nur eine solche Flause in den Kopf gesetzt?«

Die Augen seiner Tochter kämpften mit Dauerüberflutung; sein seit fünfzehn Jahren angetrautes Eheweib versuchte es mit Diplomatie. »Aber sieh mal, mein Lieber, so ein Hündchen wäre doch, pädagogisch gesehen, äußerst wertvoll für unsere Klara. Sie wäre verantwortlich für seine Ernährung, seine Fellpflege und für die Erziehung. An ihm könnte sie mit ihren zwölf Jahren lernen, Verantwortung zu übernehmen.«

Der Besitzer des größten Salons der Stadt – renommierte Kundschaft und acht Angestellte – bemühte sich, das Mittel zwischen Ernährer der Familie und väterlicher Güte zu finden.

»Allerliebste Charlotte«, das Stirn-in-Falten-legen seiner zwanzig Jahre jüngeren Frau übersah er an dieser Stelle großmütig, »sicherlich ist nicht zu leugnen, dass du der modernen Art der Kindererziehung sehr zugeneigt bist. Das bringt wohl die Ausbildung zur Erzieherin mit sich. Aber derartig fellige Individuen tragen unaufhörlich Schmutz ins Haus; an dieser Stelle sei nur der sündhaft teure Perser im Wohnzimmer erwähnt. Bei Regen und Nässe jedweder Art entströmt ihrem Haarkleid ein mehr als unangenehmer Geruch. Außerdem pflegen wir ein offenes Haus, was werden meine Mitstreiter aus dem Rat der Stadt dazu sagen, wenn sie hier zukünftig kläffenderweise empfangen werden? Das wird meiner nächsten Kandidatur sehr abträglich sein. Zudem gebe ich ernsthaft zu bedenken, dass der Hund vom Wolf abstammt, und man weiß nie, ob das Erbe nicht doch durchschlägt. Das wiederum ist eine Gefahr, der ich mich nicht aussetzen möchte.«

Grantel hoffte, mit seinem ausführlichen Statement die Diskussion über vierpfötigen Familienzuwachs ein für alle Mal aus der Welt geschafft zu haben. Allerdings, ein winziger Stachel der Furcht setzte sich in ihm fest, kannte er doch nur allzu gut aus erlebter Vergangenheit die Beharrlichkeit von Frau und Kind.

Tatsächlich begegnete er in den folgenden Tagen, wann immer er sich zu Hause einfand, traurigen, tränenumflorten Blicken und Gesichtern, die sich ihm mit stillem Vorwurf zuwandten. Und an nicht zu übersehender Stelle, mitten auf dem Wohnzimmertisch, lag geschickt platziert ein zweihundert Seiten Werk »Dein Freund, der Hund«. Mutter und Tochter schienen jedes Mal, wenn er hinzukam, mit intensivem Studium des Buches beschäftigt zu sein und erwogen ausführlich Vor- und Nachteile der beschriebenen Rassen.
Sein Mantra, ein gemurmeltes »*Cave canem*« verpuffte wirkungslos.

Sechs Wochen später gestand der Friseurmeister sich selbst die drohende Niederlage ein und suchte nach einer Lösung, die seinen Status als Familienoberhaupt relativ unbeschadet lassen würde. Ein kleines Tier sollte es sein. Sozusagen Taschenformat! Die Futterkosten hielten sich in Grenzen, bei Besuch wäre das Wegsperren ohne großen Aufwand möglich, und dem erzieherischen Ziel seiner Gattin wäre Rechnung getragen. Höchst selbstzufrieden eilte er elastischen Schrittes ins Wohnzimmer, wo er seine Liebsten, wie immer über das Buch gebeugt, vorfand.

Mit leuchtenden Augen rief Klara gerade: »Mami, der ist aber putzig, guck doch mal, die tapsigen Pfoten und die treuen Augen. Ist der süüüß!«

Heribert Grantel nutzte den Augenblick, um leise hinter die Beiden zu treten und einen Blick auf das Goldstückchen zu werfen, welches seine Tochter zu solchen Begeisterungsausbrüchen veranlasste. Schlappohren an rundem kleinem Kopf, dreifarbiges wuscheliges Fell und das Weiß an Schwanzspitze, Pfoten, Brust und um die Schnauze herum ließen diese Rasse eine gewisse Sympathie ausstrahlen. Dazu noch recht klein und possierlich, Kindchenschema eben.

Mit großzügiger Geste wies er auf das Bild, legte absolute Konsequenz in seine Stimme und verkündete der versammelten Familie: »Wenn schon Hund, dann der! Mich persönlich um den Kauf zu kümmern, erlaubt mir meine Zeit nicht, das musst du liebe Charlotte schon selbst bewerkstelligen. Und damit ist das Thema für mich definitiv beendet.«

»Aber, ich glaube, dass ...,« setzte seine Frau zu einer Erwiderung an, die er auf der Stelle mit herrischer Handbewegung verstummen ließ. »Ein *Solcher* oder *Keiner*!«, verdeutlichte er noch einmal seinen Standpunkt und zog sich ins Herrenzimmer zurück, um die Tageszeitung zu studieren. Der Jubelschrei seiner Tochter begleitete ihn.

Als der Hund einige Wochen später als neues Mitglied in den Grantelschen Haushalt einzog, war der Hausherr mit seiner Wahl sehr zufrieden. Größe und Aussehen entsprachen exakt seiner Erwartungshaltung.

Sechs Monate später allerdings zeigten sich deutliche Risse in der familiären Harmonie. Berni, der Berner-Sennenrüde, wuchs und wuchs, nahm dabei auch keine Rücksicht auf die Befindlichkeit des Hausherrn. Ehefrau Charlotte machte ihrem Gemahl deutlich, dass es sich bei dieser Rasse um eine großwüchsige handele, und genau darauf habe sie ihn damals hinweisen wollen, als er sie so nachdrücklich unterbrochen habe. Der ausgesprochen nette Züchter habe ihr bestätigt, dass das Tier durchaus ein Gewicht von knapp sechzig Kilo erreichen werde. Aber nun gehöre er einmal zur Familie und bleibe da. Basta!

Der Besitzer des ersten Salons der Stadt war hochgradig verstört. Seine Frau widersprach, offen und direkt. Seine Welt drohte zu bersten, die möglichen Folgen ihres Verhaltens bauten sich drohend vor seinem geistigen Auge auf. Er sah eine, vor Vergnügen kreischende und durch den Garten hüpfende Tochter, einen schmutzverklebten, dreifarbigen Kleinbären, der sich auf dem kostbaren Perser suhlte und eine Ehefrau, die zukünftig, wenig einsichtig, ihren Standpunkt durchsetzte. Apokalyptisch! Das wilde Szenario veranlasste ihn, seine Lebenssituation ausführlich und neu zu überdenken.

Fazit? Drei Wochen später nahm Heribert Grantel sich nahe beim Friseursalon eine großzügige dreieinhalb Zimmer Eigentumswohnung als neuen Wohnsitz. Kurz darauf zog Bernis Züchter samt Hundemama seinem ehemaligen Welpen nach und lebt seitdem mit Charlotte und Klara höchst vergnügt in der Grantelschen Villa. Nur der Perserteppich liegt aufgerollt und von aller Welt vergessen auf dem Dachboden.

Cave canem: Hüte dich vor dem Hunde!

(Un)endlich frei
Erik Rysavy

An diesem Abend kam die Alte ins Zimmer, nahm ein Kissen und drückte es auf das Gesicht des Kindes. Ihr ganzes Gewicht lehnte sie gegen den um sich schlagenden Körper, bis er sich nicht mehr bewegte. Jetzt bist du bei den Engeln, flüsterte sie, deckte das Kind zu und strich das Kissen glatt. Aus Gewohnheit ließ sie beim Verlassen die Zimmertür angelehnt, damit der einfallende Lichtspalt die Angst des Kindes vor der Dunkelheit zerschnitt.

Das Kind hatte mich vor langer Zeit geschenkt bekommen. Nicht von der Alten, von der Jungen. Oftmals spürte ich seinen Zorn. Böse sei ich, schrie es mich an, zerrte an meinen Gliedmaßen, patschte auf meine Hände. Nichts als Ärger habe es mit mir, ständig ginge ich ihm auf die Nerven. Es packte mich am Kinn und spuckte mir ins Gesicht. Es wolle mich nie wieder sehen, kreischte es und warf mich unters Bett oder hinter den Schrank.

Stunden später suchte es mich verzweifelt, und als es mich endlich fand, staubig und verdreckt, fragte es verärgert, was ich mir einbilde, mich so lange zu verstecken. Ich müsse doch dankbar sein, dass ich bei ihm im Bett schlafen dürfe. Dann putzte es mich grob ab und gab mir eine Kopfnuss. Oder es drückte mich einfach glücklich an sich und flüsterte mir zärtliche Worte ins Ohr.

Manchmal suchte es Schutz an meiner Brust, obwohl es viel größer war als ich. Ob ich es nun wieder heile, fragte es dann und strich mit meinem Arm über einen Bluterguss, eine Wunde oder eine Beule. Ich konnte es nicht. Aber ich half, indem ich ihm zeigte, dass es nicht allein mit seinen Schmerzen war.

Deshalb liebte es mich, aber auch weil ich seine Schläge und seinen Liebesentzug ertrug. Niemand anders durfte mich haben. Die Alte akzeptierte das. Die Junge war eifersüchtig; als sie mir einmal aus Wut und zur Bestrafung des Kindes den Kopf abriss, nähte ihn mir die Alte wieder an. Das Kind war außer sich vor Schmerz. Es war das einzige Mal, dass es zurückschlug. Das war der Beweis dafür, wie sehr es mich mochte.

Ich weinte mit ihm, wenn der Lichtspalt nachts den Streit zwischen der Alten und der Jungen ins Zimmer trug. Lauter werdendes Lallen bis hin zu schrillem Geschrei, Lärm von zerschellendem Geschirr und schlagenden Türen. Wir verstanden nichts und fühlten uns schuldig. Als es dann wieder stiller wurde, kam manchmal die Alte ins Zimmer und schluchzte leise.

Dann streichelte sie das Kind und erzählte ihm von einem anderen Land, wo jeder Mensch einen Vater und eine Mutter hatte. Wo es für jedermann Arbeit gab und man ihr mit Freude nachging. Dort waren die Leute glücklich, weil sie geliebt wurden und nicht, weil sie getrunken hatten. Dort war Geld verboten und des Teufels. Die Alte seufzte. Das sei fast schon wie oben im Himmel, bei den Engeln.

Unschuldige kämen immer in den Himmel, sagte sie. Kinder kennen keinen Hass, wenn sie geboren werden. Doch wer lange ohne Liebe bleibt, geht den Engeln verloren und kehrt nicht wieder. Wer gehasst wird, muss stark sein, um nicht selbst zu hassen. Und mit jedem bisschen Hass, den man die anderen spüren lässt, geht das goldene Tor zum Himmel ein Stückchen weiter zu.

An jenem Abend läutete das Telefon. Du gehst, mit diesem Verbrecher, fragte die Alte entsetzt. Schon morgen? Ihre Stimme überschlug sich. Dann legte sie auf. Es dauerte eine Weile, bis sie zu weinen begann. Als sie in die Tür des Zimmers trat, lag ihr Schatten krumm über der Bettdecke. Das Licht traf kurz den metallenen Bettrahmen und ließ ihn aufblitzen wie das goldene Himmelstor.

Ich wollte sie aufhalten. Ihr von einer anderen Zukunft erzählen als der, die über ihr hereinzubrechen drohte. Sie überreden, mit uns fortzugehen. Ich wollte Hilfe rufen. Und am Ende wollte ich ihr auf den Rücken springen und das Genick zerbeißen. Dann das Kind an der Hand nehmen und auf Nimmerwiedersehen verschwinden. Ein Raumschiff bauen und weit wegfliegen.

Aber alles, was ich kann, ist da sein. Zuhören, zusehen. Mich fortschleudern und wieder an einem Bein aufheben lassen. Mich herzen lassen und Tränen auffangen. Das ist viel, wenn es darauf ankommt. Und doch – war es zu wenig.

Weil du mich liebtest
Wiebke Franke

Ich dachte, in unserer Beziehung ging es um uns.
Darum, dass wir gemeinsam durchs Leben gehen,
Gemeinsam unsere Zukunft planen,
Gemeinsam abends ins Bett gehen,
Und gemeinsam wieder aufstehen.

Doch vielleicht ging es nur um dich.
Darum, dass du deinen Willen bekommst,
Deine Angst vor Kompromissen,
Und davor, deine Freiheit zu verlieren.
Darum, dass sich mein Leben nach deinem richtet,
Ohne Rücksicht auf meine Bedürfnisse.

Heute weiß ich, es ging immer nur um mich.
Darum, dass ich von dir geliebt werden wollte,
Dass ich mich sicher bei dir fühlte,
Dass ich in deiner Gegenwart frei war.
Frei, ganz ich zu sein.
Schwach.
Und hilflos.
Weil du mich liebtest, konnte ich mich leiden.

Der Tod wartet im Garten
Martina Bethe-Hartwig

Der Friedhof empfing sie mit Ruhe. Die weißen und schwarzen Grabsteine strömten eine Kühle und einen Frieden aus, die Hilde als Trost und Beruhigung empfand. Sie schloss die Augen und atmete mehrmals langsam ein und aus. Das Tschilpen der Spatzen, die in den Weißdornbäumen hüpften, erfüllte sie mit Lebendigkeit. Die Häuser an der Straße, ihr alltägliches Leben mit Hans-Georg, ihrem Ehemann, schienen hier, zwischen den Grabstellen, weit entfernt zu sein. Dabei lagen nur wenige Schritte zwischen ihrem Zuhause und dem Friedhof, der sich, umsäumt von Kiefern und Büschen, am Ende der schmalen Wohnstraße befand.

Hilde König, Anfang fünfzig, mit kurzem grauem Haar und einem Bauchansatz, in den sich der Bund ihres Rockes bereits mahnend hineinfraß, war eine seit zweiunddreißig Jahren verheiratete Frau. Kinder hatte ihr das Schicksal nicht geschenkt, dafür arbeitete ihr Mann als höherer Angestellter bei der Deutschen Bundesbahn. Und während Hilde die Arbeit im Haus bewältigte, bemühte er sich mit harter Hand die Gartenanlage unter seinen Willen zu zwingen.

Hilde holte noch einmal tief Luft, öffnete die Augen und verharrte für einen Moment in Bewegungslosigkeit, dann streckte sie sich und warf einen Blick über die Schulter zum Tor. Als sie niemanden entdeckte, presste sie entschlossen die Lippen zusammen, wandte sich erneut den Gräbern zu und machte sich daran, mit hastigen Schritten die Wege des Friedhofs abzugehen. Gleißendes frühmorgendliches Sonnenlicht umtanzte sie. Geblendet kniff sie die Augen zusammen. Ihr Blick glitt über Wassertropfen, die von den nächtlichen Regenschauern noch immer an den Nadeln und Blättern der Friedhofsgewächse hingen und wie Miniaturdiamanten funkelten. Der Geruch der feuchten Pflanzen und des Erdreichs stieg ihr in die

Nase. Sie atmete ihn in tiefen Zügen ein, verlangsamte ihren Schritt, hielt an, vor einem Strauch, vor einer Konifere, vor einem Baum und musterte den Bodenbewuchs. Als saftig grüne breitfingrige Blätter in ihr Blickfeld gerieten, lächelte sie. Sie öffnete die Plastiktüte, die sie bei sich trug, kramte eine kleine Metallschaufel, dann Gartenhandschuhe hervor, die sie sich rasch über die Hände streifte, und steuerte auf den dichten Teppich des Wurzelunkrautes zu. Minuten später verstaute sie mehrere Klumpen Giersch in ihrer Tüte, zu denen sie kurz darauf einige Weinberg- und Nacktschnecken fügte, die sie unter den Efeuranken einer alten Grabstätte entdeckte. Nach einer weiteren Runde über dem Friedhof wimmelte es von Kriechtieren in ihrer Tüte, zu denen noch Löwenzahn, Weißklee und Gänseblümchen wanderten, die Hilde in der Nähe der Wasserpumpe des Friedhofs fand. Am Rande des Friedhofsgeländes, an einer Stelle, wo nur niedrige Büsche hinter dem Drahtzaun wuchsen, gönnte sich Hilde für einen Moment einen Blick über die weiten goldenen Felder, bevor sie sich daran machte, eine Hand voll Disteln auszugraben, die sie behutsam in ihre Plastiktüte steckte. Beim Komposthaufen gelang es ihr, ihre Sammlung noch durch Brennnesseln zu vermehren. Dann widmete sie sich der Läuse, die sie in reicher Anzahl an den Blättern und Stielen einer weiß blühenden Strauchrose fand. Die abgezupften Rosenteile stopfte sie in ein leeres Marmeladenglas, das sie in ihrer Kitteltasche mitgebracht hatte. Sie schraubte den Deckel zu und schob es an seinen Platz in der Tasche zurück.

Nach einem letzten Blick über die Gräber, spähte Hilde erneut zum Friedhofstor hinüber. Die Straße vor den schmiedeeisernen Gitterstäben zeigte sich noch immer menschenleer.

Hildes Mund verzog sich zu einem dünnen Lächeln. Doch gleich darauf befreite sie eiligst ihre Hände von den Gartenhandschuhen, unter denen ihre Haut feucht und warm geworden war, dann quetschte sie sie in ihre zweite Kitteltasche und machte sich daran, rasch den Friedhof zu verlassen. Die prall gefüllte Plastiktüte schaukelte an ihrer Seite. Die Schaufel, die sie wegen der Fülle in der Tüte nicht zurückgesteckt hatte, bohrte sich in ihre Hand, doch sie bemerkte es kaum. Vor dem Friedhofstor blieb sie stehen. Sie wandte den Kopf und sah die Straße hinunter, dann wanderte ihr Blick über die Vorgärten zu den Hauseingängen.

»Hoffentlich,«, dachte sie, »hoffentlich sieht mich jetzt keiner.«

Ihre Zähne bohrten sich in ihre Unterlippe, als die Angeln des Torflügels beim Öffnen ein quietschendes Geräusch von sich gaben. Sie zwängte sich rasch hinaus, drückte den Flügel hinter sich zu und überquerte hastig die Straße. Vom dunklen Asphalt stieg feiner Wasserdampf auf. Aus den Vorgärten strömte besänftigende Ruhe, eine Ruhe, in der es zu Hildes Erleichterung nur tierische, aber keine menschlichen Laute gab.

»Wie angenehm es um diese Zeit ist«, dachte Hilde. »Ich hätte schon viel eher einmal so früh auf den Friedhof gehen sollen.«

Sie drehte sich nach links und eilte auf einen Jägerzaun zu, dessen Pforte zu einem Betonplattenweg hin offen stand. Eingehüllt in das Klackern ihrer harten Schuhsohlen, das melodisch begleitet wurde vom Gesang der Vögel, erreichte sie den Vorgarten zu ihrem weiß verputzten Einfamilienhaus. Sie blieb vor der Pforte stehen und schnupperte. Die Rosen des Nachbarn dufteten. Ein süßer Hauch schien die Luft wie mit Fäden zu durchweben. Für einen Moment ließ sie den Geruch tief in sich eindringen, dann machte sie einen energischen Schritt, trat neben eine Säuleneibe, folgte dem Weg an zwei Koniferen vorbei, bog vor den gefliesten Stufen, die zur Haustür führten, nach rechts ab, umrundete halb das Gebäude und erreichte den Garten hinter dem Haus. Wärmendes Sonnenlicht flutete ihr entgegen. Ihr Blick fiel auf das Gemüsebeet, über dem sich in exakten Reihen Salatköpfe, Rettich, Möhren, Erbsen und Bohnen erhoben. Wie verloren wirkten in ihrer Gegenwart die gestutzten und in Eisenkorsetts gepressten Buschrosen, die zu kurzen Stangen verkümmerten Edelrosen und die zu kleinen Nestern abgestochenen Stauden, um die herum viel nackte Erde gähnte. Hilde blickte über den Rasenstreifen, der sich zwischen dem Haus und den Beeten erstreckte. Nicht ein einziges Gänseblümchen störte das Einheitsgrün. Hilde holte scharf Luft, starrte auf das auf Daumenlänge gezwungene Gras und stieß einen tiefen Seufzer aus. Alles, die Pflanzen, die Beete, selbst die wenigen zu blassen Überbleibsel gestutzten Blütensträucher am Rande des Rasens, wo sie als Sichtschutz zu den Nachbarhäusern dienen sollten, atmeten das Wesen ihres Mannes aus.

»Geschmacklos, fantasielos, tot«, dachte Hilde. »Nicht mal

Ameisen finden sich auf diesem mit Giften verseuchten Land.«

Sie stieß erneut einen tiefen Seufzer aus, dann sah sie mit gekräuselter Stirn zur Garage hinüber, in der ihr Mann seine Pflanzenspritzmittel lagerte.

Schließlich hob sie die Plastiktüte und die Schaufel, betrachtete beides einen Moment lang, dann stieß sie einen dritten Seufzer aus, drehte den Kopf nach links und rechts, um sich zu vergewissern, dass kein Nachbar zu sehen war, und machte sich an die Arbeit. Eiligst setzte sie den Löwenzahn, den Klee und die Gänseblümchen in den Rasen. Den Giersch und die Brennnesseln pflanzte sie zwischen die Sträucher. Die Blattläuse verteilte sie auf den Rosen, und die Schnecken ließ sie zwischen den Gemüsepflanzen frei. Als sie mit der Arbeit fertig war, ging sie in die Garage, fertigte aus den Giften, die sie fand, eine Mischung an und füllte diese in den Sprühbehälter. Sorgfältig schloss sie hinter sich das Garagentor, dann zog sie sich in das Haus zurück und widmete sich ihrer Hausarbeit. Hin und wieder hielt sie inne, starrte auf die Stuben- oder Küchenuhr, deren Zeiger kaum vorzurücken schienen, verschränkte die Hände und presste die Ballen aufeinander. Schließlich holte sie tief Luft und setzte mit einem inneren Zittern, das sie, trotz aller Bemühungen, nicht zu unterdrücken vermochte, ihre Arbeit fort. Gegen Mittag begann sie mit den Essensvorbereitungen. Sie holte Gemüse aus dem Garten, wusch und putzte es, ging zur Garage, spritzte etwas Gift darüber und schnitt es in die Suppenbrühe.

Um vier Uhr nachmittags schwang schließlich die Haustür auf und ihr Mann, bepackt mit Aktentasche, Koffer und Mantel, stürmte mit hochrotem Kopf in den Flur.

»Hilde!«, brüllte er. »Hast du den Hundehaufen vor unserer Pforte nicht bemerkt? Verdammte Scheißköter!«

»Ich hab' nichts gesehen.« Mit versteinertem Gesicht trat Hilde ihm aus der Küche entgegen.

Ihr Mann, Hans-Georg, schüttelte so heftig den Kopf, dass seine dunklen sorgfältig von vorne nach hinten gekämmten Haarsträhnen verrutschten und eine kahle sonnenverbrannte schuppige runde Stelle auf dem Kopf freigaben.

»Verdammtes Viehzeug. Unsereiner bemüht sich um Sauberkeit und Ordnung, und die kacken alles voll. Ich schwöre dir, wenn ich eines dieser Viecher erwische, jage ich ihm eine Ladung Schrot in den Arsch.«

»Hans-Georg, denk an dein Herz! Der Arzt hat doch gesagt, du sollst dich nicht aufregen. Jetzt komm erst mal! Das Essen ist fertig.«

»Und der Hundehaufen?« Die Stimme ihres Mannes zitterte noch immer vor Wut.

»Um den kümmere ich mich später.«

Als nach dem Essen ihr Mann das Haus verließ, um nach seiner kurzen Dienstreise den Garten zu inspizieren, lief Hilde nach oben in das Schlafzimmer, von dessen Fenster aus sie einen guten Überblick über den Garten besaß. Behutsam trat sie neben die Scheibe, beugte sich vor und lugte durch den Spalt, den die Gardine freigab, da sie sie bereits am Vormittag ein Stück aufgezogen hatte. Sie verfolgte, wie ihr Mann von den Brennnesseln zum Giersch sprang, von den Disteln zum Löwenzahn hetzte, bei jedem Gänseblümchen einen Tobsuchtsanfall und einen immer roteren Kopf bekam und schließlich lauthals Schimpftiraden ausstieß, als er die Schnecken und Blattläuse entdeckte. Sein wütendes Gebrüll schwappte durch das gekippte Fenster. Hilde spürte, wie ihr Herz immer heftiger zu pochen begann. Der Schweiß brach ihr aus allen Poren. Sie atmete heftig. Ihre Finger verkrampften sich. Doch sie blieb auf ihrem Posten, steif wie ein Holzpfosten, und wandte selbst den Blick nicht ab, als ihr Mann wutschnaubend zur Garage stürmte und kurz darauf begann, die unerwünschten Pflanzen und Tiere mit Gift zu besprühen. Hildes Hals fühlte sich trocken an. Sie schluckte, aber rührte sich nicht von der Stelle. Als ihr Mann zusammenbrach, hielt sie die Luft an. Sie wartete, zählte, warf einen ängstlichen Blick zu den Nachbargärten hinüber. Als sie keinen Nachbarn entdeckte, atmete sie in langsamen Zügen weiter, immer ein und aus. Sie spürte nicht, wie die Zeit verging. Hans-Georg, ihr Ehemann seit zweiunddreißig Jahren, rührte sich nicht mehr. Still, bewegungslos, in gekrümmter Haltung lag er auf dem Rasen, neben sich das Spritzgerät, das seine wichtigste Gartenhilfe gewesen war. Hilde fühlte eine Leere in sich, doch gleichzeitig spürte sie auch Erleichterung und einen klitzekleinen Funken von Glück.

»Es ist geschafft«, dachte sie. »Ich habe es getan. Nun sind wir, der Garten und ich, endlich frei.«

Die Sonne begann bereits zu sinken, als sie sich vom Anblick ihres Mannes abwandte und mit weichen Knien die Treppe hinunter stieg. Ihre Finger zitterten, als sie den Hörer vom Telefon nahm, das seinen Platz auf dem Schränkchen im Flur besaß, und die Notrufnummer wählte. Minuten später traf der Rettungswagen mit Blaulicht und eingeschaltetem Martinshorn ein. Ein Arzt und zwei Sanitäter sprangen heraus und rannten, geführt von Hilde, zum Garten hinter dem Haus. Entlang der Zäune der angrenzenden Grundstücke versammelten sich ihre Nachbarn und gafften herüber. Stimmengemurmel rauschte über Hilde hinweg, wie ein Sturm, der zuschlug, sich zurückzog, um wieder Atem zu schöpfen, und erneut hereinbrach.

»Es hat keinen Sinn.« Der Arzt raffte seine Utensilien zusammen, legte sie zurück in seine Tasche und erhob sich. Sein Kinn deutete auf den Spritzbehälter. »Ihr Mann hat anscheinend gerne mit Gift hantiert. Letztlich sieht es aber so aus, als ob sein Herz versagt hat. Litt er an Herzbeschwerden?«

Hilde nickte.

»Dann denke ich, hat wohl beides zu seinem Tod geführt. Zuviel Gift und dazu ein schwaches Herz. Leider können wir für Ihren Ehegatten nichts mehr tun.«

Die Beerdigung fand eine Woche später statt. Hilde ließ ihren Mann auf dem Friedhof, der am Ende ihrer Wohnstraße lag, beisetzen. Nach dem Entfernen der Kränze, der Herstellung der Grabumrandung und des Aufstellens des Grabsteins, machte sie sich daran, seine letzte Ruhestätte zu bepflanzen. Sie wählte eine ausladende Rose, dazu wuchernden Klee, Gänseblümchen und Tagetes, wobei an den Letztgenannten nicht nur sie, sondern vor allem auch die Schnecken bis zum ersten Frost ihre Freude hatten.

Blitz-Chatting
Karsten Gebhardt

Ich bin solo, mein ganzes Leben schon. Genauer gesagt, seit meinem Auszug bei Mutti vor einem Jahr.

Sie suche einen neuen Partner und der fände es bestimmt nicht so toll, wenn ich noch bei ihr wohnen würde. Außerdem sprächen die Nachbarn bereits über uns und vermuteten einen Ödipuskomplex.

Vielleicht ist mein Job schuld. Buchhalter klingt nicht wirklich spannend, obwohl ich für einen Skydiver-Verein arbeite. Vielleicht auch Mutti mit ihren schrulligen Ansichten von der Welt, die sie in wohldosierter Pädagogik an mich weitergab.

Die biologische Uhr tickt und die Vorstellung, als seniler Junggeselle in einem Heim zu enden, gefällt mir nicht.

Deshalb war ich bereit, Ungewöhnliches zu versuchen.

Blitz-Chatting klang nicht nur verheißungsvoll, sondern wurde auch noch angepriesen als coolste Form der anonymen Partnersuche. Zwanzig Männer, zwanzig Frauen und jeweils nur drei Minuten Zeit, bevor die Plätze getauscht werden. Der Clou: Alle Chatter sind live da. Bewertet wird auf einer Datingkarte und bei Übereinstimmung käme es zu einem realen Treffen, eine Woche in der Präsidentensuite des Royal Marvin, dem besten Hotel am Lago Maggiore.

Sechzig Minuten meines Lebens für die Suche nach der Traumfrau, ohne in teure Restaurants oder Kinos investieren zu müssen, das klang einfach zu gut. Das System würde die perfekte Frau für mich ermitteln. Einfacher konnte Liebe nicht sein.

Im Zeitalter des Cybersex ist die herkömmliche Balz sowieso nur noch eine überholte Methode, mit geheucheltem Maskulinum einen femininen Geist knechten zu wollen.

Da sind mir die Flirtlines lieber, oder die virtuellen Swingerclubs,

Chatrooms, alle vereint im Gemeinschaftskuscheln, die Identitäten verborgen hinter fantasievollen Avataren. Eine Maskerade, geeignet, die seelischen Hüllen fallen zu lassen und durch triefende Wortklauberei den eigenen Wert zu puschen. Ein Foto von Clooney aus jungen Jahren hochgeladen, schon lagen sie mir zu Füßen und schnurrten unter meinen lyrischen Streicheleinheiten.

Wie es im realen Leben wohl wäre, zu chatten, vom Partner getrennt nur durch eine Wand? Vorbereitet war ich bestens, beherrschte das Tippen mit zehn Fingern genauso wie die Prosa und Versform. Ich war nicht Brad Pitt, erwartete aber auch keine Angelina Jolie. Der Intellekt war entscheidend, das Aussehen nebensächlich.

Die anderen Männer waren schon da; wir ignorierten uns gegenseitig. Ganz anders die Frauen auf der nicht einsehbaren Seite der Halle. Ein wildes Geschnatter, als kämpften sie bereits um die beste Partie.

Dann war es soweit. Wir wurden eingelassen und bekamen Startnummern auf die Jacken geheftet.

Aufgeregt starrte ich in die Kampfarena, bis an die Decke durch Laken geteilt. Zwanzig Kabinen mit leuchtenden Displays, auch auf der anderen Seite.

Jetzt verstand ich die Höhe der erhaltenen Rechnung und kalkulierte nach, Statistiker, der ich bin. Der Preis entsprach etwa den Kosten für drei Dinner im Romantique, der edlen Muschibuhbuhkneipe im Ort, der einzigen mit gedämpftem Licht. Da wäre noch keine Liebe garantiert.

Der Startschuss kam, wir eilten auf die zugewiesenen Plätze.

»Hi, ich bin die Moni«, schlug ICQ an.

Eifrig tippte ich und stellte mich vor. Säuselte Liebe, ungereimt, schwärmte von Kafka und Tolstoi, aber ich schien nicht zu punkten, denn der Bildschirm blieb schwarz.

Mit Eins wertete ich.

»Wechsel« brüllte einer der Schiedsrichter.

»Wie siehst du aus?«, fragte eine Angelique.

Diese Frage wollte ich lieber als Reim beantworten, in Metaphern, um Genius zu beweisen.

»Normal bin ich, auch mit hohem Verstand.

Hab mich als Single im Leben verrannt.
Nun suche ich die Frau für das Leben.
Sag an, willst du mir Zukunft geben?«
Erst kam nichts, doch dann antwortete sie, ebenfalls mit einem Reim:
»Prolo bin ich, aus Arbeiterklasse
unterscheid' mich trotzdem aus der Masse
durch Stil, Etikette und frohen Sinn,
weil ich ledig und auch vermögend bin.«
Ich war schwer beeindruckt. Die Metrik stimmte, zumindest in der Kürze der Zeit.
Vollkommenheit, die Tiefsinn verriet. Genau so eine Frau suchte ich.
Rasch blickte ich auf die Uhr. Es war noch Zeit, um herauszufordern:
»Ich studiere Gehälter von Reichen
im Versuch, die Bilanzen zu weichen
bemühe mich um Kürzung der Steuer
against Finanzamt, dem Ungeheuer.«
Das saß. Ich wartete auf ihre Antwort.
»Auch ich schwindle gern bei Lohnangaben,
Finanzamt kann sich bei mir nicht laben.
Doch die Liebe vermisste ich bisher.
Bist Du meine Zukunft, geliebter Herr?«
Zeit um.
Zehn Punkte gab ich und wähnte mich bereits am Ziel. Allein der Name: Angelique. Erotik pur.
»Hi, ich bin Janet« blinkte der Cursor.
»Bodo. Einsachtzig groß, fünfundsiebzig schwer. Arbeite in einem Skydiver-Verein und suche den Kick« schrieb ich zurück.
Janet schien beeindruckt zu sein. Mit Mängeln in der Orthografie outete sie sich als Nymphomanin und bot mir eine himmlische Woche an. Doch sie verriet sich in der Gewichtsangabe und auf Sex mit Rubens hatte ich keinen Bock.
Drei Punkte.
»Cathrin mit C« grüßte.
Dem Dialog nach könnte sie ein Treffer sein, wenn nicht Ange-

lique gewesen wäre.

Buchhalterin ebenso wie Münzsammlerin. Eine Graue in bunter Menge auf der Suche nach ihrem Pendant. Sie war die Hermeline und ich Hesses Steppenwolf.

Neun Punkte gab ich und erhoffte dennoch den Sieg mit Angelique.

Die anderen waren illustrer Zeitvertreib, durch meine Punkte außerhalb der Wertung.

Der Schlussgong läutete.

Minuten der Qual. Kettenrauchend schlich ich tigergleich den Gang entlang, vor, zurück, wieder vor. Erwartete das Ergebnis wie ein Süchtiger den nächsten Schuss.

Es war soweit.

Fanfaren läuteten das Finale ein. Ich erstarrte, ein Gladiator, der auf das Daumenzeichen wartete.

Ein blasser Sopran verlas über Lautsprecher das Ergebnis.

Gewonnen. Ich und Angelique. Ich konnte es nicht fassen.

Der Reigen klatschender Hände schloss mich im Halbkreis ein. Langsam hob sich die Trennwand. Ich zitterte aufgeregt. Gleich würde ich meine Traumfrau zum ersten Mal sehen.

Im Beifall starrten wir uns entgeistert an.

»Du« keuchte sie nur mit fragendem Gesicht.

Ich sackte zusammen:

»Hallo Mutti.«

Im Ausklang
Hilda Roeder

Es wird immer dünner,
dein Haar,
und tiefer
deine Falten.
Das Alter holt uns ein,
mein Prinz,
in vielerlei
Hinsicht.
Deine Augen, mein Freund,
versprechen
heitere Gelassenheit,
gepaart
mit der Weisheit der Jahre.
Sie sprechen
vom leisen Ausklingen
des Lebens.
Und es ist wahr, mein Liebster,
dieses Leben
hat uns gezeichnet,
aber den Ausklang
malen wir
in den buntesten Farben
des Paradieses.
Komm,
gib mir deine Hand.
Sie wird kostbar,
unsere Zeit!

Ein Krimi der leisen Töne

In der Nähe der unterfränkischen Kleinstadt Breitenkirchen wird die übel zugerichtete Leiche einer Frau gefunden.

Kriminalhauptkommissarin Annemarie Zeller ist überzeugt davon, dass sie von ihrem Geliebten erschlagen wurde, dessen Weingut ganz in der Nähe liegt.

Die beiden Kommissare Walter Braunagel und Norbert Schwarz sind anderer Meinung. Sie setzen alles daran, den wahren Mörder zu finden.

»**Eiswein**« von Carmen Mayer
Taschenbuch, 160 Seiten, ISBN 978-3-941527-01-0 10,95 €

Märchenhafte Geschichten

Das alte Märchenbuch fällt zu Mitternacht aus dem Regal und landet mit einem lauten Knall auf dem Boden. Eine kleine Hexe samt Besen plumpst heraus, zusammen mit allen Buchstaben.

All die schönen Geschichten sind verloren, es sei denn …

Purzelhexchen macht sich an die Arbeit. Sie füllt die leeren Seiten mit neuen Märchen und Geschichten, die so noch nie erzählt wurden. Mit 15 ganzseitigen Illustrationen.

»Purzelhexchens Märchenschatz«
von Gaby Poetsch
Hardcover, 124 Seiten, ISBN 978-3-941527-03-4 14,95 €
Taschenbuch, 124 Seiten, ISBN 978-3-941527-02-7 9,95 €

 Märchen